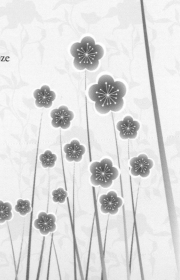

FLEURUS

Direction : Guillaume Arnaud
Direction éditoriale : Sarah Malherbe
Édition : Claire Renaud
Direction artistique : Élisabeth Hebert, assistée de Séverine Roze
Fabrication : Thierry Dubus, Marie Guibert

© Groupe Fleurus, Paris, 2011
Site : www.fleuruseditions.com
ISBN : 978-2-2150-9839-3
N° d'édition : 11142
Code MDS : 651 306 N2

mon Dico chéri

Auteur
Charlotte Grossetête

Illustratrice
Dorothée Jost

Photos
Lionel Antoni

Stylisme
Élisabeth Hebert

Fleurus

Nous tenons à remercier Julia, Brune et Marta,
nos jeunes modèles, qui ont posé avec tant de fraîcheur
et de grâce pour notre photographe.

Crédits photos Mon mag chéri :
pp. 5, 6, 7, 8, 9, 10, 11 : © Lionel Antoni
p. 12 : © Getty / Laurence Monneret
p. 14 : © Getty / Robert Houser
p. 15 : © Getty / Mike Dunning
p. 16 : © Getty / Phil Ashley
p. 17 : © Getty / Jaan Sokk
p. 20 : © Getty / Roger Wright

mon **Mag** chéri

Textes de :
Charlotte Grossetête

ma Mode
chérie

Look 1 : Rock city !

Blouson en cuir, slim délavé,
Tee-shirt sérigraphié,
pour un look rock
furieusement tendance !

Tee-Shirt Zara, jean Guess,
Blouson H&M,
Ballerines Repetto®.

Mon petit c
chéri

Mon Tee-Shirt
chéri

Mon jean
chéri

L'accessoire chéri de Julia : le Tee-Shirt sérigraphié !

Mes ballerines
chéries

Look 2 : Block color !

Chèche vert, débardeur orange, jean violet, un look haut en couleurs pour croquer la vie !

Débardeur, chèche, jean Zara, Ballerines Repetto®.

L'accessoire chéri de Julia : un casque blanc !

Mon chèche chéri

Mon débardeur chéri

Mon jean chéri

Mes indispensables ballerines

Look 3 : Urban chic !

Une petite veste en jean, une jupette à volants, vous voilà prête à sortir et même à danser !

Veste en jean, débardeur et jupe Jennyfer,
leggings H&M,
barrette fleur Sinéquanone,
Ballerines Repetto®.

Ma petite veste en jean chérie

Ma jupe à volan chérie

Mes leggings chéris

Mes ballerines chéries

L'accessoire chéri de Julia : une barrette fleur !

Look 4 : preppy girl !

Une petite robe imprimée,
un joli serre-tête,
des ballerines, un panier
tout léger,
quelle jolie demoiselle !

Robe vintage,
leggings H&M,
panier Manouch,
ballerines Repetto®.

L'accessoire chéri de Julia : un joli serre-tête !

Ma robe chérie

Mon panier chéri

Mes ballerines adorées

ma Beauté
chérie

Un parfum printanier et frais.
Miss Dior Chérie, Dior

Une eau parfumée raffinée au thé blanc.
Eau parfumée, Bulgari

Vous voulez sentir bon, avoir une odeur fraîche et délicate. Il est temps de choisir votre premier parfum de demoiselle.

Par votre mag chéri

Un parfum rosé comme le ciel du petit matin.
La Parisienne, Yves Saint-Laurent

Une touche tendre, délicate pour une jeune première !
Chance, Chanel

Une copine en or !

Les copines, ça embellit la vie !
Alors il faut savoir
les chouchouter !
Voici un petit manuel de la bonne
copine en 6 leçons…

Par Charlotte Grossetête

1

Discrétion absolue

Les confidences qui tombent dans son oreille ne ressortent pas par ses lèvres. La bonne copine n'ira répéter à personne qu'Alice aime bien Matteo, ni que Chloé panique devant les araignées. Non ! Même si c'est tentant de répandre un secret pour étonner les autres ou les faire rire.

2

Pas d'exclusivité

Ses copines Emma et Natacha ont d'autres amies en plus d'elle ? La bonne copine est d'accord ! Exiger d'être seule dans leur cœur, ce serait risquer de les fâcher et de les perdre pour toujours. On peut avoir plusieurs amies et les aimer différemment. Pas de jalousie qui tienne !

3

L'amitié c'est sacré... le travail aussi !

La bonne copine le sait : être amie avec Camille, c'est tout sauf faire ses devoirs à sa place ou la laisser copier sur elle pendant les contrôles. Et même quand elles ont tout un week-end à se raconter le lundi matin, elles ne le font pas en classe, elles attendent la récréation !

5

Coup de cafard

Pas facile de s'occuper d'une copine triste, surtout quand on ne l'est pas soi-même. La bonne copine est parfois impatiente (elle a quand même ses petits défauts !) quand ses amies ont du chagrin, surtout si ça dure ! Mais elle répond quand même « présente », et elle essaie de leur changer les idées en douceur.

4

Savoir s'expliquer

En cas de dispute avec ses copines, ou même de simple gaffe, la bonne copine évite de bouder pendant cent ans. Si elle est peinée, elle s'exprime, elle dit pourquoi. Elle sait aussi écouter les autres et leur demander pardon. Une attitude positive qui mène droit à la réconciliation !

6

Loin des yeux, près du cœur

Ses amies Marine et Léa sont nées en juillet et en août. Même si elles ont fêté leur anniversaire en juin, la bonne copine n'oublie jamais d'emporter leurs adresses en vacances pour leur écrire une carte postale ou un mail le jour J. Oui, c'est vraiment une copine en or !

Chien ou poisson, chat ou hamster, voici quelques conseils pour que votre animal domestique se sente comme chez lui chez vous !

Mes animaux cheris

CHIEN : CES HABITUDES QUI LE METTENT À L'AISE

Les chiens aiment la régularité. Leur confort passe par une certaine routine : repas à heures fixes, ordres clairs, jeux bien connus, codes de communication…

ATTENTION, GRAND GOURMAND !

En principe, un chien adulte se contente d'un repas par jour. On peut lui en donner deux, un léger le matin et un plus important le soir, en les limitant aux doses conseillées. Les chiens sont incapables de se dire : « Je n'ai plus faim ». Résultat : en France, sur 8 millions de chiens, 2 millions ont des problèmes de santé dus au surpoids !

DEHORS !

Un chien a besoin de se promener au moins 45 minutes par jour, surtout si vous vivez en appartement. Allons ! Accompagnez donc vos parents, même par mauvais temps ! Ces moments de plein air sont irremplaçables. Ils permettent des échanges privilégiés entre votre chien et vous.

LES ERREURS À ÉVITER

-Jamais de sucre, de gâteaux ni de chocolat. Ces « douceurs » sont mauvaises pour sa santé.

-Ne lui donnez pas d'os de poulet : trop fins, ils risquent de perforer son œsophage. Pour sa sécurité, rien de tel qu'un gros os de mouton ou de bœuf.

-Ne lui faites pas faire de sport juste après son repas. Pour digérer, il a besoin de calme.

-S'il fait une bêtise dans votre chambre en votre absence, ne le grondez pas à votre retour. Il n'a pas de mémoire et ne comprendrait pas ; il attribuerait vos reproches à autre chose.

JE GARDE LE HAMSTER D'UNE AMIE PENDANT UNE SEMAINE

7 CONSEILS POUR LE LUI RENDRE EN BON ÉTAT

• Placez sa cage dans un endroit aéré (pas contre un radiateur) et facile à nettoyer : le hamster peut projeter des déchets hors de sa cage.
• Le hamster est omnivore. Il adore les légumes crus, mais ne lui en donnez trop d'un coup.
• Il aime sortir de sa cage une demi-heure par jour… de préférence sur du carrelage : gare aux besoins sur les tapis !
• Il dort beaucoup ; ne cherchez pas à le réveiller, c'est mauvais pour lui.
• Le hamster adore se faire un nid avec du sopalin. En revanche, le coton est toxique pour lui.
• Il fait sa toilette lui-même.
• Si le séjour se prolonge, sa litière doit être changée chaque semaine pour éviter les odeurs.

JE RAPPORTE UN POISSON CHEZ MOI !

8 CONSEILS POUR QU'IL VIVE LONGTEMPS :

• Achetez un aquarium rectangulaire, plus grand qu'une boule.
• Installez-le loin d'une fenêtre pour empêcher la formation d'algues.
• Placez-le aussi hors de portée du chat !
• Changez un quart de l'eau chaque semaine (jamais la totalité).
• Si l'aquarium a un filtre, nettoyez celui-ci régulièrement.
• Achetez un siphon pour aspirer les déchets du fond
• Limitez la distribution de nourriture à la dose qui peut être avalée en 2 minutes.
• Surveillez le comportement du poisson. S'il nage toujours près de la surface, c'est qu'il est mal en point.

CE QUI FAIT PLAISIR À UN CHAT

Jouer, jouer, et encore jouer ! Un chat, surtout jeune, adore ça. Vous pouvez facilement fabriquer vous-même de quoi l'amuser : boule de papier, morceau de mousse ou bouchon en liège au bout d'une ficelle… Mais votre chat aime aussi dormir. Ne lui en veuillez pas s'il passe un temps fou à paresser, environ les deux tiers de la journée.

ESPRIT D'INDÉPENDANCE

Contrairement au chien, le chat aime la liberté. Il ne faut pas vous étonner, ni vous vexer, ni vous inquiéter, s'il quitte parfois la maison sans prévenir pour aller visiter le quartier ! Il a une excellente mémoire des lieux et saura très bien revenir.

SÉANCE COIFFURE

Un chat se nettoie tout seul, mais il est bon de vérifier régulièrement l'état de son pelage et de passer un peigne dans ses poils. Cela évite déjà qu'il les sème partout dans la maison. Attention, n'utilisez pas votre peigne !

CÔTÉ REPAS

Un chat peut avoir ses croquettes à disposition toute la journée : il mange souvent et en petites quantités (les chats d'appartement doivent quand même être un peu rationnés). Si vous lui ouvrez une boîte de pâtée, elle doit être mangée en quelques heures. Transférez-la dans une gamelle, car les boîtes de conserve, une fois ouvertes, peuvent intoxiquer la nourriture. De temps en temps, vous pouvez régaler votre chat d'un bol de lait, mais l'eau est ce qu'il y a de meilleur pour lui.

Quand un enfant décide de
changer le monde !

Portrait de Craig Kielburger

Craig attrape les céréales et le journal du matin. En cherchant sa BD préférée, il tombe sur un autre article : « Esclavage des enfants, gamin de 12 ans assassiné ». Craig sursaute. 12 ans ? C'est son âge. L'esclavage des enfants ? Cela existe ?

L'article raconte l'histoire d'Iqbal, qui travaillait depuis l'âge de 4 ans dans une fabrique de tapis pakistanaise. Enfin libéré, il commençait à témoigner contre l'exploitation des enfants. Cela gênait les profiteurs, qui l'ont réduit au silence…

Craig en a le souffle coupé. Lui, né au Canada, a plus de chance que 250 millions d'enfants de la planète condamnés à des travaux pénibles. Il regarde la photo d'Iqbal et se fait une promesse : il va se battre dès maintenant pour donner un avenir à tous ces enfants.

À l'école, Craig fait circuler l'article. Il parle, il convainc. IL trouve très vite 18 volontaires pour fonder l'association *Free the Children* (« Libérez les enfants »). Ensemble, ils organisent des ventes, font des conférences et récoltent leurs premiers fonds. La même année, en 1995, Craig voyage en Asie pour mieux percevoir la réalité du travail des enfants.

Quinze ans plus tard, l'association a grandi avec Craig : plus de 100 000 enfants de 20 pays y sont rassemblés. Ils ont déjà fait ouvrir plus de 650 écoles. À la demande de Craig, des chefs d'entreprise s'engagent à ne plus travailler avec des usines où travaillent des mineurs. Créée par un jeune, gérée par des jeunes, l'association *Free the Children* prouve que les enfants peuvent déjà faire changer le monde de demain. À vous de jouer, les filles !

Il n'est pas le seul...

C'est à 4 ans qu'un autre enfant, Bilaal Rajan, a eu l'audace de commencer à rendre service. En 2001, ce petit Canadien d'origine indienne vend des oranges dans son quartier pour envoyer de l'argent aux victimes d'un tremblement de terre en Inde. À 8 ans, après un terrible tsunami en Asie, il lance ce défi à tous les enfants canadiens : « J'invite chacun à trouver 100 dollars autour de lui : ensemble, nous pouvons faire une différence ». Il récolte ainsi 2 millions d'euros ! Aujourd'hui, Bilaal a 15 ans, et il continue à lever des fonds pour toutes les causes qui lui tiennent à cœur.

Copines
Bonheur
Parents
Soirée pyjama

mon Dico chéri

Auteur
Charlotte Grossetête

Illustratrice
Dorothée Jost

Photos
Lionel Antoni

Stylisme
Élisabeth Hébert

ma boîte
chérie

Une belle boîte
pour ranger
tous mes secrets !

=

Un petit livre
plein de bons conseils !

+

Ma houppette
chérie

+

Mon poudrier
chéri

+

Mon miroir
chéri

Pour être la plus jolie !

Fleurus

Introduction *chérie*

Vous êtes curieuse de tout, pleine d'énergie, **entourée de copines géniales,** encouragée à grandir par des parents qui vous adorent.

Vous traversez des années remplies de défis et de découvertes.

Vous vous posez des tas de questions. **Ce Dico va y répondre !** Est-ce que je suis belle ? Comment se réconcilier avec mon amie après une dispute ? À quoi sert l'écologie ? Et l'amour dans tout ça ?

Ce Dico, c'est le vôtre ! De A à W, il fait le tour de votre vie quotidienne. Il va vous accompagner à travers ces années fabuleuses !

Quand vous aurez 12 ans, vous le connaîtrez par cœur, et des questions nouvelles vous viendront à l'esprit. Votre Dico chéri a un grand frère qui prendra le relais pour vous souhaiter la bienvenue dans l'adolescence : **le Dico des Filles !**

Amoureux

Dans « amoureux »,
il y a « amour », un mot
que vous connaissez par cœur :
vous aimez vos parents
depuis toujours
et ils vous le rendent bien !
Mais l'amour des amoureux,
c'est autre chose.

Oh la menteuse, elle est amoureuse !

Voilà un mot que vous entendez souvent à l'école. Une amie remarque en riant : «Alexis, c'est l'amoureux de Marion.» Pour elle, cela veut dire que ces deux-là s'entendent très bien, qu'ils aiment passer du temps ensemble. Quand Alexis arrive, Marion quitte ses amies pour venir le saluer. Souvent, à votre âge, une fille préfère n'avoir que des copines : du coup, lorsqu'elle a un ami, on a vite fait de les traiter d'« amoureux ».

Il est beau !

Si vous êtes amie avec un garçon, il y a une chose qui peut faire penser à de l'amour : vous le trouvez beau. Vous ne remarquez pas tellement la beauté de vos copines, mais celle de votre ami vous saute aux yeux ! Il vous semble

À quel âge peut-on avoir un amoureux ?

Il n'y a pas un âge fixé comme pour passer le permis de conduire ! Souvent, on commence à ressentir ses premières émotions amoureuses à l'adolescence, vers 13 ou 14 ans… mais pour envisager une vraie histoire d'amour, il faut attendre d'être adulte, quelques années plus tard.

plus mignon que les autres garçons de la classe. Si vous l'avouez à vos amies, c'est sûr, elles vont vous coller l'étiquette « amoureuse » sur le front !

L'amour, c'est plus encore

En fait, à votre âge, il est trop tôt pour parler d'amour, même si vous êtes déjà sensible au charme d'un garçon. Un amoureux, c'est forcément quelqu'un qu'on trouve beau, mais c'est encore plus que cela. C'est un garçon à qui on a envie de donner toute sa tendresse. On fait aussi des projets d'avenir avec lui : on rêve de construire un couple solide qui durera longtemps. On souhaite partager toute sa vie avec lui et ne jamais le quitter.

Une merveilleuse aventure…

Quand vous regardez un film dans lequel deux amoureux s'embrassent, ou quand vous en voyez dans la rue, vous commencez peut-être à vous sentir émue. Ces belles histoires vous font battre le cœur. Cela doit être formidable de rencontrer un garçon à qui l'on a envie de donner toute sa confiance, tout son amour. Vous vous posez une question : est-ce que cela m'arrivera ?

Comment choisit-on son amoureux ?

C'est un grand mystère. Le jour où vous rencontrerez votre amoureux, vous ne saurez pas pourquoi c'est lui et pas un autre. Mais votre cœur vous indiquera que c'est la bonne personne, sans aucun doute possible.

… pour plus tard !

Bien sûr ! À vous aussi, la vie réserve ce grand cadeau. Un jour, vous aurez un amoureux qui vous rendra heureuse, et que vous rendrez heureux. Mais ce n'est pas pour aujourd'hui et, si des copines se moquent gentiment en vous traitant d'amoureuse, il faut rire avec elles… sans les prendre au sérieux !

Vive cette amitié !

Continuez à être amie avec le garçon qu'elles montrent du doigt : c'est génial de découvrir l'univers des garçons à travers un copain qui vous plaît beaucoup. Ne vous sentez pas gênée, ni obligée de jouer le rôle d'une amoureuse adulte ! Avant de rencontrer un prince charmant, vous avez encore besoin de grandir longtemps dans votre famille, en comptant sur l'amour… de vos parents.

▶ **Voir aussi :**
Chagrin d'amour,
Copains,
Filles et garçons,
Premier baiser.

Animaux

On ne décrira pas ici toutes les bêtes
du monde, de l'autruche au zébu en passant
par le hanneton et le yack : un dictionnaire
de 4 999 pages n'y suffirait pas.
On ne parlera que des animaux domestiques !

« Domestique » vient de…

du latin *domus*, «maison». C'est donc un mot ancien, tout comme l'habitude d'avoir des animaux de compagnie chez soi. Les chiens de race faisaient déjà la fierté des familles de l'Antiquité. Les chats étaient vénérés comme des dieux en Égypte. On élevait des paons au Moyen-Orient et les aquariums des Romains regorgeaient de poissons !

N'est pas domestique qui veut

Aujourd'hui, on ne peut pas apprivoiser n'importe quoi. La loi encadre strictement les achats d'animaux. Vous ne pourrez jamais rapporter un bébé panda d'un voyage en Chine, ni un œuf de condor en provenance des Andes. Les gouvernements protègent les espèces sauvages en interdisant leur déplacement. C'est aussi une manière de veiller sur l'espèce humaine : imaginez que vos voisins hébergent un tigre du Bengale !

À cheval !

Beaucoup de filles rêvent de devenir cavalières. C'est une chance d'apprendre à monter ces chevaux qui sont les plus anciens amis de l'homme. Rien de tel que l'équitation pour nouer un contact étroit et intelligent avec un animal !

Des foules innombrables

Aujourd'hui, en France, on compte 8 millions de chiens et presque 10 millions de chats (rappelons qu'il y a 60 millions de Français au total). C'est dire que les gens aiment partager leur toit avec des animaux domestiques. Car nous n'avons même pas dénombré les hamsters, les cochons d'Inde, les poissons rouges et les perruches !

Comme un ami

Vous avez peut-être chez vous l'un de ces animaux familiers, auquel vous êtes habituée depuis que vous êtes petite. Vous connaissez alors la force des liens qu'on peut tisser avec un animal de (bonne) compagnie ! Vous êtes sa maîtresse, il est votre ami, et parfois même le confident de vos secrets : au moins, vous êtes sûre qu'il n'ira pas les répéter !

Je voudrais un animal

Vous rêvez d'accueillir un chiot ou un chaton, mais vos parents refusent de vous écouter… Ne leur en veuillez pas trop ! Un animal peut coûter très cher. Et il faut bien s'en occuper. Vous devrez :

– le nourrir ;
– le faire vacciner ;
– le soigner quand il est malade ;
– vous en occuper tous les jours ;
– le promener ;
– nettoyer sa litière ;
– ramasser les poils qu'il sème dans la maison ;
– le faire garder si on ne peut pas l'emmener en vacances…
C'est donc beaucoup de contraintes !

Un jour peut-être !

C'est sans doute pour ces raisons que vos parents ne veulent rien savoir. Et vous n'avez ni l'argent ni le temps nécessaire pour assumer seule la responsabilité d'un animal. Consolez-vous, la vie est longue : plus tard, quand vous serez adulte, vous pourrez vous offrir le rêve d'avoir un animal chez vous !

▶ Voir aussi :
Écologie.

29

Question de gentillesse !

Si vos parents vous confient la responsabilité de tenir votre chien, ne le laissez pas :
– approcher des petits enfants (même s'il est gentil, ils peuvent avoir très peur) ;
– faire ses besoins n'importe où ;
– déranger les passants par ses aboiements.

Appareil dentaire

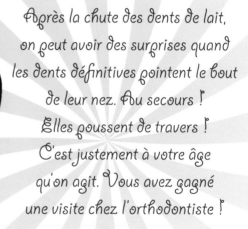

Après la chute des dents de lait, on peut avoir des surprises quand les dents définitives pointent le bout de leur nez. Au secours ! Elles poussent de travers ! C'est justement à votre âge qu'on agit. Vous avez gagné une visite chez l'orthodontiste !

Formule discrète

Pour obliger vos dents à s'aligner sagement, il existe plusieurs sortes d'appareils dentaires. Le modèle le plus léger est un faux palais en résine auquel est attaché un fil de métal qui passe devant les dents. Sa mission est d'élargir la mâchoire pour que toutes ces dames puissent pousser à l'aise, sans se bousculer. Il est presque invisible, et on l'enlève facilement pour les repas. Il peut être prescrit dès l'âge de 8 ans.

Un sourire en métal

Mais vous ferez peut-être aussi connaissance avec un appareil fixe. À l'aide d'un ciment spécial, l'orthodontiste pose des tubes sur vos molaires, au fond de la bouche. Ensuite, il colle des rectangles de métal ou de résine sur les autres dents. Un fil métallique part des tubes et relie tous les rectangles entre eux, qu'on appelle des « bagues ». Il suffit de le serrer ou de le desserrer pour rapprocher ou écarter les dents. On peut porter cet appareil dès 10-11 ans, mais la plupart des filles (et des garçons) en sont équipés à 12-13 ans et le gardent jusqu'à 15-16 ans.

Comme au carnaval !

Pour les molaires, c'est lourd de supporter un appareil fixe. L'orthodontiste peut être amené à vous prescrire un appareil qui les empêchera de bouger. Ce système est aussi encombrant qu'un masque de carnaval mais, rassurez-vous, on ne le porte que la nuit ! Il est fait de deux tiges de métal qui sortent de la bouche. Ces tiges sont reliées à des élastiques qui prennent appui sur la nuque. On appelle ce système les «moustaches»!

J'ai honte de mon appareil

Pourquoi ? Bien sûr, il ne vous fait pas un sourire de star. Mais il ne vous accompagnera pas toute la vie. Lorsqu'on vous l'enlèvera, vous aurez gagné la plus jolie, la plus régulière des dentitions. Cela vaut la peine d'être patiente pendant quelques années et de supporter ces bagues qui travaillent pour vous !

La meilleure amie de l'appareil...

C'est la brosse à dents ! Utilisez-la au moins deux fois par jour, matin et soir, pour garder une propreté impeccable entre vos bagues.

Les pires ennemis de l'appareil…

Ce sont les chewing-gums, les caramels, et tous les autres bonbons collants. Il vaut mieux s'en passer pendant toute la durée du traitement. Et même après : avec ou sans appareil, les sucreries font des trous dans les dents !

Vous n'êtes pas la seule !

Sachez que deux filles sur trois doivent porter un appareil dentaire. Dans votre classe, d'autres copines ont sûrement un drôle de sourire ! Si elles ne sont pas encore très nombreuses, c'est parce que votre orthodontiste a décidé de commencer le traitement plus tôt pour vous. Mais ne vous inquiétez pas, dans un an ou deux, vous verrez une foule d'amies vous rejoindre au club des appareils !

Mieux vaut maintenant que plus tard

C'est une chance qu'on s'occupe de redresser vos dents. D'accord : si vous n'aviez pas d'appareil, vous auriez l'impression de grandir plus tranquille. Mais un jour, vous auriez des regrets devant une dentition trop en désordre ! Certains adultes en ont tellement qu'ils décident de se faire prescrire un appareil. C'est plus difficile à supporter à leur âge, parce que personne autour d'eux n'en porte plus depuis longtemps ! De plus, à partir de 16 ans, la Sécurité sociale ne rembourse plus les traitements, qui coûtent très cher.

▶ Voir aussi :
Beauté,
Coquette,
Hygiène.

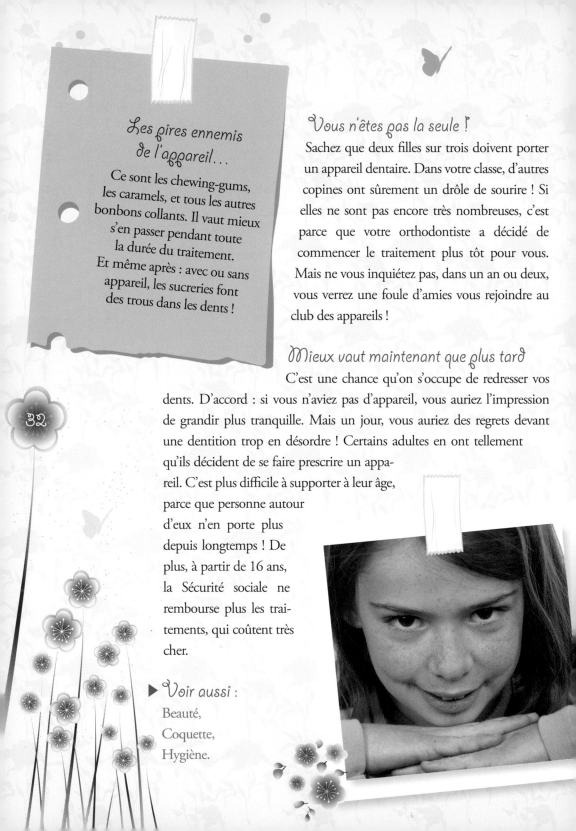

Argent de poche

Certaines filles reçoivent périodiquement une petite somme d'argent offerte par leurs parents. D'autres n'en reçoivent pas… ce qui ne veut pas dire qu'elles n'ont pas de chance !

Petite fortune personnelle

L'argent de poche peut entrer dans votre tirelire de manière régulière : à des dates fixes, vos parents vous donnent de l'argent, toujours le même montant. Parfois, votre trésor est augmenté par des arrivées inhabituelles : vos grands-parents vous offrent un billet pour Noël, vous trouvez une pièce sur le trottoir…

Panier percé ou écureuil

Chaque fille a sa manière d'utiliser ses biens, selon son caractère. Les «dépensières» ne supportent pas de garder un sou : dès qu'elles ont 50 centimes, elles se sentent trop riches et filent acheter une poignée de bonbons. Les «économes» font des réserves jusqu'au moment où elles auront assez d'argent pour s'acheter un collier ou un CD. Il y a aussi les grandes généreuses qui piochent dans leur tirelire pour offrir des cadeaux à leurs amies !

Je travaille pour mes parents

Certaines filles reçoivent une récompense pour des travaux spéciaux : nettoyer la voiture, ratisser le jardin. En revanche, il est normal que les services quotidiens (comme mettre la table) restent gratuits. Imaginez que votre mère vous réclame 1 euro pour repasser votre linge !

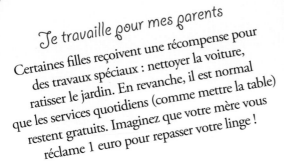

Par délicatesse

– Si vous recevez de l'argent, il vaut mieux éviter d'en parler à vos copines, pour ne pas faire de jalouses.

– Si une amie vous apprend qu'elle reçoit de l'argent, ne lui demandez pas combien. Sa tirelire ne regarde qu'elle, et il n'y a que vous qui regardez dans la vôtre !

34

Je n'ai pas d'argent de poche !

Vos parents ont peut-être décidé de ne pas vous donner d'argent de poche, et vous regardez avec envie les copines qui en reçoivent. Pourtant, ne vous dites pas que vos parents sont moins généreux que d'autres ! Ils estiment seulement qu'il est trop tôt pour vous donner de l'argent à dépenser. Ils veillent à vous acheter tout ce dont vous avez besoin : vous ne manquez de rien, et c'est l'essentiel.

Pour dans longtemps

L'argent qu'ils ne vous donnent pas maintenant, ils vous le gardent pour plus tard. Il y a des périodes de la vie où vous aurez réellement besoin de dépenser plus qu'en ce moment, par exemple quand vous ferez des études. D'accord, cela vous semble être un avenir très lointain ! Mais à cet âge-là, l'argent de poche vous sera vraiment très utile.

▶ Voir aussi : Jalousie, Sorties.

Générosité
Économies
Argent

Avenir

Copines
Blablabla
Amitié

Confidences

Bavardage

Ceux qui disent que
« le silence est d'or » exagèrent.
Vive les bavardages
entre copines…
avec certaines limites,
bien sûr !

Inutile mais très important

Le bavardage désigne toutes les conversations où l'on n'échange pas que des informations utiles. Entre copains (et surtout entre copines !), on est capables de bavarder interminablement. Attention : même quand on ne raconte pas des choses indispensables, cela ne signifie pas qu'on parle pour ne rien dire. On raconte sa vie, on apprend à connaître celle des copines, et c'est très important.

Quel ennui !

Imaginez un monde où l'on supprimerait tous les bavardages pour ne garder que les paroles nécessaires : « Passe-moi le sel, s'il te plaît », « Prends un parapluie, le temps se couvre ». Ce serait sinistre. On ne prendrait pas le temps de découvrir et d'apprécier les autres. Au fil du bavardage, on resserre les liens, on construit ses amitiés.

Un temps pour tout

Bien sûr, il y a des temps pour bavarder et des temps pour se taire. Si vous jouez les pipelettes pendant les cours, ou pis, pendant un contrôle, vous risquez de vous faire gronder ! L'essentiel est donc de bien choisir les moments où l'on peut s'asseoir entre copines : la récréation, le mercredi, ou le soir quand une amie vous invite à dormir chez elle (mais pas trop tard quand même, n'est-ce pas ?).

Les endroits où il ne faut pas bavarder trop fort

– Dans un train ou un bus.
– Dans la rue.
– Dans un musée.
– Et dans tous les autres lieux publics où les gens n'ont pas forcément besoin d'être informés de votre vie !

Les endroits où il ne faut pas bavarder du tout

– En classe.
– Au cinéma.
– Pendant les mariages et les cérémonies religieuses.

En bavardage, tout est permis sauf…

– Les méchancetés et surtout les calomnies (les mensonges qu'on invente sur des gens qu'on n'aime pas).
– La trahison des secrets qu'une amie vous a confiés.

Un sparadrap sur la bouche

Pour certaines filles, tenir sa langue est un exercice difficile : elles ont toujours quelque chose d'urgent à dire aux copines, même en plein cours de maths ou de français. Pourtant, avec un effort de la volonté, on arrive toujours à attendre jusqu'à la fin de la leçon. Si vous êtes très bavarde, vous n'avez qu'à vous fermer les lèvres avec un sparadrap imaginaire. Mais vous avez le droit de l'enlever pour participer en classe !

Et les garçons ?

Ils sont souvent moins bavards que les filles. Plutôt que de rester assis, ils préfèrent jouer au foot, et c'est moins pratique pour se raconter sa vie ! D'ailleurs, le mot « pipelette » n'existe qu'au féminin… Mais cette généralité n'est pas une loi. Il y a des filles plutôt silencieuses et des garçons qui ont la langue bien pendue. À chacun son caractère !

▶ **Voir aussi :**
Collège, Copines, Mensonges, Portable, Soirée pyjama.

Beauté

Qu'est-ce qui fait que vous trouvez
une personne « belle » ?
À quoi tient la beauté d'un visage ?
Pas si facile de répondre,
n'est-ce pas...

Les canons de la beauté

Dans nos pays occidentaux, nous sommes marqués par un certain nombre
de canons de la beauté qui nous ont été transmis par les Grecs de l'Antiquité. Ce sont des règles qui définissent un beau visage ou une belle silhouette :
la finesse des traits, la proportion du nez et des yeux, la forme des oreilles, la
symétrie entre le côté droit et le côté gauche...

Un petit compliment

Si vous trouvez que votre maman est particulièrement belle aujourd'hui, bien habillée, bien maquillée, dites-le-lui, cela lui fera toujours plaisir. Les compliments font la vie plus jolie !

À chaque époque ses préférences

Même si ces critères de beauté sont anciens comme le monde, ils varient selon les époques. Par exemple, autrefois, une femme un peu ronde était le comble de la beauté ; aujourd'hui, dans les magazines de mode, on ne voit plus que des mannequins très (parfois trop !) minces. De même, les femmes d'autrefois devaient avoir la peau très blanche ; aujourd'hui, on trouve plus belles les peaux bronzées.

La beauté dans un sourire

Ces petites variations montrent que la beauté n'est pas définissable une fois pour toutes. En outre, il y a beaucoup d'éléments qui font partie du charme d'une personne, mais qu'on ne peut pas décrire : par exemple, la chaleur du sourire ou l'éclat du regard ! Vous avez sûrement déjà vu des enfants qui ont un sourire superbe malgré des dents mal alignées. Ou une vieille dame ridée qui a des yeux extraordinaires (alors qu'on croit souvent qu'il faut être jeune pour être beau).

Vous êtes belles !

Comme vous êtes des filles bien vivantes, personne ne pourrait juger de votre beauté en regardant une photo de vous. Elle tient aussi à votre rire, à vos expressions changeantes, aux mouvements de votre corps quand vous marchez… et bien sûr à vos regards qui reflètent aussi les qualités de votre cœur : «Les yeux sont le miroir de l'âme», comme dit un proverbe ancien!

Plein de manières d'être beau

Vous connaissez peut-être à l'école des copains qui font des remarques sur les personnes : « Elle louche », « Il a les oreilles décollées », « Elle est grosse », « Il est tout petit »… Vous avez raison de ne pas entrer avec eux dans le jeu bête de la moquerie. D'abord, personne n'est parfait, même les moqueurs. Ensuite, critiquer les défauts physiques des copains, c'est ignorer qu'ils peuvent aussi avoir des qualités qui les rendent beaux. L'attitude la plus intelligente est de jouer aux détectives pour repérer ces qualités !

42

Ils ont dit :

« La plus belle femme
du monde ne peut donner
que ce qu'elle a. »
(Victor Hugo)

▶ *Voir aussi :*
Complexes,
Confiance,
Générosité.

Bien (et mal)

Quelle est la différence
entre le bien et le mal ?
Quand vous faites du bien autour de vous,
vous aidez le monde à tourner rond.
Dès que vous décidez de faire du mal,
au contraire… quelque chose ne va plus !

Tout roule !

Avec vos amies, la vie est belle. Vous passez des moments fabuleux ensemble, « Gentillesse et loyauté », telle est votre devise vis-à-vis des copines : vous êtes charmante et serviable en toutes circonstances. Bref, vous vous comportez « bien », vous avez 10 sur 10 en amitié, et c'est le bonheur !

Quand ça déraille…

Mais parfois, tout n'est pas beau ni idéal : des rancœurs se créent, on se parle mal. Il y a même des situations où vous êtes tentée de ne pas faire le bien… vis-à-vis de quelqu'un que vous n'aimez pas, par exemple. Dans la classe, un copain vous énerve avec ses blagues vaseuses. Et si vous lui voliez son MP3 ? Est-ce que ce serait vraiment mal ? Il est tellement pénible : il ne mérite que ça, après tout…

Question futée

En général, pour être sûre de bien agir envers les autres, il suffit d'écouter cette question de votre conscience : « Tu aimerais qu'on te fasse cela à toi ? » Si c'est quelque chose de bien, vous répondez « oui ». Si c'est quelque chose de mal… cela vous fait tout de suite moins envie !

La conscience a une petite voix

Seulement, une petite voix résonne dans votre tête : « Jamais de la vie ! C'est mal de voler, même un affreux jojo ! » Cette voix s'appelle la conscience. Elle vous aide à examiner les situations pour choisir entre le bien et le mal. Elle est donc très précieuse, même si vous la trouvez parfois casse-pieds avec ses bons conseils. Mais elle n'a pas tort de vous faire réfléchir !

Quand on fait taire sa conscience

La conscience n'est pas une commandante, mais une conseillère. Elle ne vous gouverne pas : vous pouvez décider de lui désobéir. Comme tout le monde, vous êtes parfaitement libre de choisir entre le bien et le mal. Pourtant, quand on étouffe sa conscience, on a souvent des regrets. Soit parce qu'on se fait surprendre à mal faire et qu'on le paie (la maîtresse ou le professeur vous a vue en train de voler le MP3 et vous êtes punie), soit parce qu'on a des remords : même en cachette, vous avez honte d'écouter de la musique sur cet objet qui ne vous appartient pas. Vous n'êtes pas tranquille !

D'où vient la conscience ?

Certains pensent qu'on naît avec cette capacité à distinguer entre le bien et le mal. D'autres estiment que c'est l'éducation que vous recevez qui forge votre conscience. En tout cas, une chose est sûre : c'est une amie fidèle, elle vous accompagnera toute la vie. Si vous prenez l'habitude de l'écouter et de dialoguer avec elle, si vous vous entraînez à suivre ses conseils, vous avez toutes les chances d'être une fille… « bien » !

▶ Voir aussi :
Bonheur,
Dieu,
Maltraitance.

Et quand la conscience est muette ?

Devant certains choix, il peut arriver que vous ne sachiez vraiment pas quoi décider. On dit que vous vous trouvez devant un «dilemme» : où est le bien, où est le mal ? N'hésitez pas à demander conseil à un adulte qui a de l'expérience !

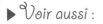

Bonheur

*Le bonheur, c'est quand votre cœur ressemble
à un ciel sans nuages : le soleil brille sur votre
vie, vous êtes heureuse en famille et à l'école...
vous vous sentez bien, tout simplement.*

Les ingrédients du bonheur

Le premier d'entre eux est l'amour que vous recevez de votre famille et de vos amis. Pour vous épanouir, vous avez besoin de savoir que vous comptez pour eux, à tel point qu'ils ne pourraient pas se passer de vous. Cet ingrédient-là est le plus important : personne ne peut vivre heureux s'il se sent mal aimé et inutile.

Le bonheur dépend de ces choses...

Un deuxième ingrédient du bonheur est d'avoir le nécessaire pour vivre. Attention, « l'argent ne fait pas le bonheur » : on n'a pas besoin d'être très riche pour être heureux. Mais quand on souffre trop de la faim et de la pauvreté, on ne profite pas vraiment de la vie. La santé aussi facilite la joie de vivre, même si certains grands malades ont assez de courage et de sagesse pour garder le sourire. Ajoutons encore qu'on vit plus heureux dans un pays en paix, où l'on se sent en sécurité.

Je veux toujours plus !

Les vitrines ou les publicités présentent des foules de merveilles pour vous attirer. Certaines vous font très envie ! Attention quand même à ne pas tomber dans le piège d'une consommation excessive. Certaines filles croient que plus elles posséderont de choses, plus elles seront heureuses. Le problème, c'est qu'elles en veulent toujours plus… et restent insatisfaites !

48

… mais surtout de vous-même !

Si vous réunissez ces différents ingrédients, vous avez toutes les chances d'être heureuse. Mais il faut une dernière condition pour profiter à fond du cadeau de la vie. Cette condition, vous la trouvez en vous-même : c'est votre capacité à mesurer la chance que vous avez.

Portrait d'une fille heureuse

Vous faites sûrement partie des gens qui ont le « caractère heureux ». Vous n'êtes pas jalouse des copines en les imaginant plus gâtées que vous. Vous aimez trop jouer ou bavarder pour avoir le temps de vous ennuyer, ce qui gâche le bonheur. Vous êtes curieuse d'esprit, affectueuse avec les gens qui vous aiment, énergique et pleine d'imagination. Bref, vous croquez la vie à pleines dents !

Les petits bonheurs

Continuez à savourer les petits bonheurs de la vie, qui s'additionnent pour former le grand bonheur : les moments passés avec vos amies, les vacances, les fêtes, la joie d'apprendre à l'école, le plaisir de se défouler en faisant du sport, celui de regarder un bon film ou celui de recevoir du courrier. C'est en vivant à fond ces petites chances de la vie quotidienne que l'on réussit le mieux la recette du bonheur !

Les pires ennemis du bonheur

– L'envie.

– La suffisance (quand on se croit plus forte et plus savante que les autres. Résultat : on est blasée et on s'ennuie !)

– Les peurs et les chagrins dont on ne parle à personne : quand on est triste, il ne faut pas hésiter à demander de l'aide !

▶ Voir aussi :

Amoureux,

Copines,

Parents,

Rêves.

Boum

C'est la fête !
On se fait belle,
on s'amuse et on danse…
tout l'après-midi !

Horaires aménagés

À votre âge, on organise les boums l'après-midi. Au lieu d'avoir lieu très tard, elles commencent avant le goûter et se terminent en début de soirée, ce qui vous laissera une vraie nuit pour revivre cette fête dans vos rêves. Et quelle fête!

Première boum

Vous avez reçu un beau carton d'invitation pour votre première boum et vous vous demandez comment ça se passe. Première question : « Comment je dois m'habiller ? » C'est le moment ou jamais de sortir la jolie jupe que vous n'avez jamais l'occasion de mettre et que vous aimez tant !

J'organise une boum

– Invitez au moins 15 personnes, quinze jours à l'avance, en prévoyant quelques refus. Il vous faut des garçons : si vous en manquez, demandez à vos copains d'amener leurs meilleurs amis. Pensez aussi à vos cousins !

– Pour le buffet, la décoration, la protection des objets fragiles… et pour le rangement, n'oubliez pas d'aider vos parents !

– Prenez des photos pour les partager ensuite avec vos invités.

« Rien ne me va ! »

Mais si vous vous sentez déguisée en jupe, pas de panique ! Mettez votre jean préféré, et améliorez-le. Rappelez-vous le collier fantaisie qui vous va si bien, l'écharpe colorée qui fait ressortir vos yeux. Il suffit d'un accessoire bien choisi pour transformer une tenue. Une coiffure originale produira aussi son effet : une pince colorée, une fleur artificielle dans les cheveux, une raie en zig zag, et vous en mettrez plein la vue.

En musique

Arrivée à la boum, ne soyez pas surprise si les rideaux sont tirés en pleine journée : la pénombre accentue l'ambiance magique de la fête, à l'aide de quelques lumières artificielles. La musique est déjà au rendez-vous : les parents qui reçoivent, ou un(e) invité(e) choisi(e) pour ses qualités de DJ, se chargeront de faire s'enchaîner vos chansons cultes pour accompagner toute la fête.

Je ne sais pas danser !

Toute la boum se passera au salon (à moins que les parents de votre amie n'aient décoré leur garage pour en faire une salle de danse !), à écouter de la musique, à bavarder… et à danser. Si vous ne savez pas danser, ne refusez pas une invitation pour autant ! Inutile d'avoir pris des cours de valse, vous verrez qu'il suffit de peu pour bouger tous ensemble au rythme de la musique. Dans une boum, on danse comme on respire : c'est simple et naturel !

52

▶ *Voir aussi :*
Amoureux,
Copines,
Premier baiser.

À éviter

– Rester aimantée au buffet du goûter, même si tout est très bon. Ne vous rendez pas malade et laissez-en pour les autres !
– Faire la tête aux parents quand ils viennent vous rechercher.

Carnet secret

Un carnet secret, ou un journal intime,
est un cahier à qui vous confiez des émotions,
des histoires que vous n'avez envie
de raconter à personne… pas même,
parfois, à votre meilleure amie.

Comme un inconnu

Un jour, parce qu'une copine vous avait parlé de son journal, ou parce que l'idée vous est venue toute seule, vous avez décidé de commencer un carnet secret. Vous l'avez ouvert à la première page. Toutes ces feuilles blanches, c'était un peu intimidant : ce journal intime vous semblait être un étranger !

Un ami apprivoisé

Mais vous avez écrit, encore et encore. Vous avez fait connaissance avec votre confident en papier. Et maintenant, vous n'hésitez plus : dès que vous avez un événement à lui raconter, des sentiments à lui confier, une réflexion à lui soumettre, vous allez le chercher dans sa cachette !

Illustré, c'est encore mieux !

Laissez de la place pour des photos, des dessins, des tickets de cinéma, des billets de concert et autres souvenirs à coller. Ils auront beaucoup de valeur plus tard, quand vous relirez votre journal.

Secret défense

Votre carnet secret est aussi bien protégé qu'un dossier d'espionnage. Gardé dans un endroit strictement introuvable : même Sherlock Holmes serait bien incapable de mettre la main dessus ! Fermé peut-être avec un petit verrou, dont vous enterrez la clé dans une autre cachette…

Lire en soi-même pour mieux écrire

Pour remplir votre carnet, posez-vous les bonnes questions : pourquoi est-ce que je fais ceci ? Pourquoi est-ce que j'aime telle personne et pas telle autre ? Quels sont mes rêves dans la vie ? On appelle « introspection » ces questions que vous vous posez à travers les pages de votre journal intime.

Quand l'écrit vous fait mûrir

C'est génial de tenir un journal intime ! D'abord, vos secrets y sont à l'abri. Ensuite, il vous permet de développer vos capacités de réflexion sur vous-même, sur les autres, sur le monde qui vous entoure. Il affine aussi votre sens de l'humour, parce que vous pouvez plaisanter avec lui, sans retenue, sans crainte de faire des gaffes.

Oups

Même si vous n'avez pas écrit dans votre carnet secret depuis plusieurs jours, voire plusieurs semaines, n'abandonnez pas, ce serait trop bête ! Reprenez simplement là où vous en êtes !

La mémoire des années

Ce cahier est précieux. Ne le jetez pas dans un jour de découragement ou parce que vous avez l'impression d'avoir raté des pages. Il dresse un portrait fidèle de vous-même sur une longue durée : plus tard, en relisant les lignes que vous êtes en train d'écrire, vous y redécouvrirez comment votre personnalité s'est enrichie avec le temps. La mémoire efface beaucoup de choses… le journal intime n'oublie rien.

55

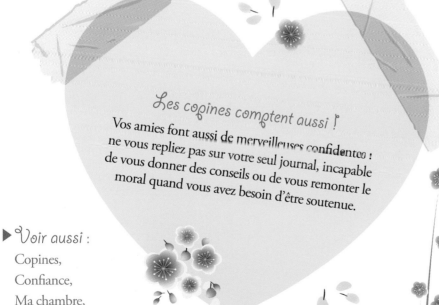

Les copines comptent aussi !

Vos amies font aussi de merveilleuses confidentes ! ne vous repliez pas sur votre seul journal, incapable de vous donner des conseils ou de vous remonter le moral quand vous avez besoin d'être soutenue.

▶ Voir aussi :
Copines,
Confiance,
Ma chambre,
Pudeur,
Secrets.

Chagrin d'amour

C'est un grand bonheur de sentir
son cœur battre pour un garçon…
sauf quand, par malchance,
celui-ci ne tombe pas amoureux.

L'amour à sens unique

Dans les contes de fées, l'amour est toujours réciproque : les héros savent dès leur rencontre qu'ils sont faits l'un pour l'autre. Dans la réalité, ce n'est pas toujours aussi facile. Une fille peut tomber amoureuse d'un garçon qui, hélas, ne fait pas attention à elle. Le contraire arrive aussi, bien sûr : le garçon tombe amoureux, la fille reste indifférentc… C'est cette déception cruelle qu'on appelle un chagrin d'amour.

Cela arrive à ma meilleure amie !

Elle va avoir besoin de vous !
Invitez-la chez vous, tenez-lui la main, écoutez-la.
En revanche, surtout si vous n'avez jamais connu
de chagrin d'amour, n'essayez pas de la consoler
en lui disant qu'« il » ne valait rien.
Elle l'aime encore, et vos critiques
la blesseront davantage.

Histoire interrompue

Pis que cela, des amoureux peuvent aussi se séparer au bout de quelque temps parce que l'un d'eux se rend compte que ses sentiments se sont éteints, ou qu'ils ne sont pas assez forts pour s'engager dans une relation solide et durable. Pour l'autre, il est encore plus difficile d'accepter la fin d'une histoire qui avait bien commencé.

Cœur brisé

Un chagrin d'amour est une grande tristesse pour un homme ou une femme. Il faut enterrer de beaux espoirs : on rêvait de construire un couple, on se sentait plein d'énergie pour cela, et l'on voit soudain ces rêves s'écrouler. On pleure beaucoup.

57

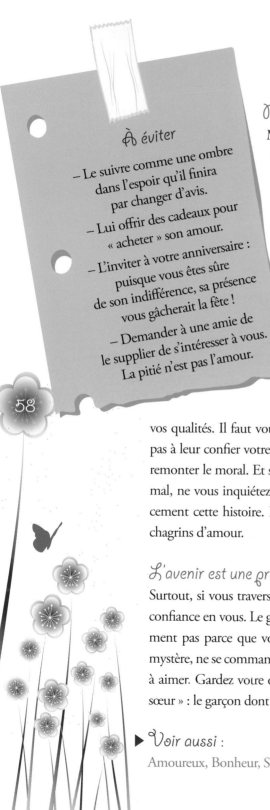

À éviter

– Le suivre comme une ombre dans l'espoir qu'il finira par changer d'avis.

– Lui offrir des cadeaux pour « acheter » son amour.

– L'inviter à votre anniversaire : puisque vous êtes sûre de son indifférence, sa présence vous gâcherait la fête !

– Demander à une amie de le supplier de s'intéresser à vous. La pitié n'est pas l'amour.

Premiers pincements de cœur

Même si vous n'êtes pas à l'âge de vous engager dans une histoire d'amour, vous avez peut-être déjà ressenti des sentiments pour un ami, pour un garçon merveilleux de votre classe. Et s'il ne s'est pas intéressé à vous, vous avez éprouvé un serrement de cœur. Il a occupé vos pensées… mais a semblé pourtant ignorer jusqu'à votre existence. C'est dur !

Est-ce qu'on en guérit, docteur ?

Pour sortir d'un chagrin d'amour, petit ou grand selon votre âge et le degré de vos sentiments, la recette est la même : il faut essayer de ne plus penser à cet aveugle qui n'a pas vu vos qualités. Il faut vous changer les idées auprès de vos amies. N'hésitez pas à leur confier votre bleu au cœur : elles trouveront les mots pour vous remonter le moral. Et si, malgré leurs attentions, vous avez encore un peu mal, ne vous inquiétez pas : il faut laisser au temps le soin d'effacer doucement cette histoire. Le temps est le plus grand médicament contre les chagrins d'amour.

L'avenir est une promesse

Surtout, si vous traversez un jour cette période de tristesse, ne perdez pas confiance en vous. Le garçon de vos rêves ne vous aime pas ? Ce n'est vraiment pas parce que vous êtes nulle ! C'est parce que l'amour, ce grand mystère, ne se commande pas. La vie a prévu pour vous une autre personne à aimer. Gardez votre optimisme en attendant de rencontrer votre « âme sœur » : le garçon dont les sentiments répondront aux vôtres.

▶ **Voir aussi :**
Amoureux, Bonheur, Sorties.

Cheveux

Raides ou bouclés, blonds ou bruns, sages ou rebelles... Comment les mettre en valeur et les choyer pour qu'ils soient éclatants de santé ?

Un cheveu au microscope

Comme la peau et les ongles, il est fait d'une protéine, la kératine, disposée en écailles souples et solides. Sa couleur tient à de savantes proportions d'une substance appelée mélanine. Il y a deux sortes de mélanine et, selon leur mélange, cela donne toutes les nuances de blond, de brun ou de roux.

L'hygiène avant tout !

La règle numéro un pour avoir de beaux cheveux, c'est de veiller à leur propreté. Des shampoings réguliers lavent l'excès de sébum, une substance grasse produite par votre cuir chevelu pour nourrir les cheveux. À votre âge, le sébum n'est pas abondant ; vous pouvez donc espacer les shampoings de quatre ou cinq jours. Lorsque vous serez entrée dans la puberté, une période de grands changements physiques, il faudra sans doute les laver plus souvent.

Vrai-faux

Si je ne me coupais jamais les cheveux, ils descendraient jusqu'à mes talons.
Faux. Un cheveu gagne de 1 à 1,5 cm par mois, mais il tombe au bout de six ans au grand maximum. Il n'atteindra donc jamais la taille d'une liane exotique.

Les cheveux ont besoin d'être coupés de temps en temps.
Vrai. Sinon, ils sont fatigués, leurs pointes s'abîment et forment même parfois des fourches aux extrémités.

Le sèche-cheveux abîme les cheveux.
Vrai, si on s'en sert trop souvent et surtout trop près. Attention à ne pas coller l'appareil aux cheveux en croyant les sécher plus vite ! Il vaut mieux laisser environ 20 cm de distance entre eux.

Shampoing parfait

Mouillez complètement vos cheveux : sinon, le shampoing ne mousse pas et n'agit qu'à moitié. Pour cela, passez la douche sur et sous vos mèches, en les soulevant partout. Puis, frottez énergiquement, et plus de trois secondes s'il vous plaît ! L'idéal est ensuite de rincer, puis de recommencer en vous massant bien le crâne. Le dernier rinçage doit être impeccable : les restes de shampoing ternissent les cheveux.

À table !

La santé de vos cheveux dépend aussi de votre alimentation. Pour leur bien, il faut manger de bons repas équilibrés. Certains aliments comme la viande rouge, les lentilles ou le jaune d'œuf favorisent spécialement la beauté et la croissance des cheveux.

Courts ou longs ?

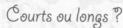

Selon la forme de votre visage, certaines coupes vous vont mieux que d'autres. N'hésitez pas à demander conseil à un coiffeur. Il vous montrera des catalogues dans lesquels vous pourrez choisir la coiffure qui vous plaît le plus parmi celles qu'il aura sélectionnées pour vous.

À chacune ses goûts !

Mais écoutez surtout votre préférence personnelle. Selon votre caractère, vous aimez peut-être les cheveux longs que vous trouvez plus féminins… ou les courts parce qu'ils sont plus pratiques à coiffer ! En matière de cheveux, on ne discute pas plus des goûts que des couleurs.

Au secours, j'ai des poux !

Votre tête vous démange ?
Ne perdez pas une journée : courez avec maman ou papa acheter un traitement en pharmacie.
En attendant d'être débarrassée de ces sales bêtes, il faut laver votre literie chaque jour à 90° C et passer un spray (également vendu en pharmacie) sur les canapés, appuis-tête, brosse et peigne que vous fréquentez.
Enfin, pour les bonnets et les écharpes, un remède étonnant tue les poux : placez-les vingt-quatre heures au congélateur !

63

▶ Voir aussi :
Beauté,
Complexes,
Coquette,
Hygiène,
Mode.

Et si je voulais changer de couleur, justement ?

Au collège, vous voyez peut-être des filles essayer des teintures. Ne rêvez pas de les imiter… Les teintures artificielles peuvent abîmer les cheveux, et il est trop tôt pour vous lancer dans l'aventure. Vous êtes si jolie au naturel !

Collège

À la fin du CM2, vous entrez au collège pour y suivre les quatre classes suivantes : 6ᵉ, 5ᵉ, 4ᵉ, 3ᵉ. Exploration de ce nouvel univers qui vous intimide un peu.

Un prof, des profs

La première différence qui vous attend derrière les portes du collège, c'est que votre « maîtresse » passe du singulier au pluriel ! Vous aurez désormais un professeur pour chaque matière. Chacun aura ses méthodes, sa manière de parler, ses exigences en matière de discipline et de travail. L'idée de vous habituer à chacun vous impressionne ? N'ayez pas peur : vous découvrirez vite que vous êtes très adaptable !

Une classe, des salles

Jusqu'en CM2, on passe toute l'année dans la même classe, avec des places attribuées. Au collège, vous changerez de salle entre deux cours et, souvent, les professeurs vous laisseront choisir votre voisin. Si c'est le cas, évitez la pipelette de service, tout comme le plus célèbre tricheur de la classe. Et si vous faites la paire avec votre meilleure amie, promettez-vous de ne pas papoter comme si vous étiez dans votre chambre !

Do you speak English ?

Le collège, c'est aussi la chance de découvrir l'anglais ou une autre langue, si vous n'avez pas eu d'initiation au primaire. Go ! Allez-y à fond. Quel que soit le métier dont vous rêvez pour plus tard, vous ne pourrez pas vous passer de naviguer à l'aise dans une langue étrangère. Profitez de la mémoire sans limites que vous avez à votre âge. Plus vous êtes jeune, plus vous apprendrez facilement !

De nouveaux amis

Au collège, vous retrouverez peut-être des amis du CM2… parmi un flot d'élèves venus d'autres écoles. Au milieu de ces nouvelles têtes se cachent des amies et des amis qui feront le bonheur de vos années collège. Il serait dommage de vous blottir auprès des anciens copains de votre école primaire sans oser aborder les autres !

Vive la démocratie !

En 6e, vous vous sentez parmi les « petits » du collège, mais déjà on vous considère comme des élèves mûrs et responsables. La preuve : pour la première fois, vous avez le droit de vote ! On vous demande d'élire un(e) délégué(e) pour représenter la classe auprès des professeurs et de la direction, notamment pendant les conseils de classe où les enseignants font le point sur les progrès des élèves. Le rôle du délégué est très important. Au fait… pourquoi ne pas vous présenter vous-même comme candidate ?

Autonome !

On vous prend aussi au sérieux sur le plan de l'autonomie. Comme vous avez plusieurs professeurs, vous recevez de chacun des devoirs à faire, des leçons à réviser, des dates de contrôle. C'est à vous de vous organiser pour répartir votre travail à la maison et éviter les montagnes d'exercices à la dernière minute. D'où l'importance d'avoir un agenda bien tenu !

65

Agenda mode d'emploi

– Notez toujours les devoirs à faire, même si vous pensez vous en souvenir.

Écrivez lisiblement, sous peine de faire l'exercice de maths n° 80 au lieu du n° 86 !

– Rayez d'un trait propre les devoirs déjà faits.

– Utilisez un surligneur ou des couleurs différentes pour distinguer certaines informations : les contrôles en rouge, les livres ou objets à apporter en vert…

▶ **Voir aussi :**
Bavardage,
Devoirs,
Mauvais carnet,
Rêves,
Voyage scolaire.

Colonie
(de vacances)

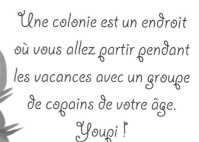

Une colonie est un endroit
où vous allez partir pendant
les vacances avec un groupe
de copains de votre âge.
Youpi !

Loin de la famille

Vos parents ne prennent pas de congés, ou ils veulent vous offrir l'occasion
de découvrir des amis, des paysages nouveaux, des activités faites pour vous.
Ils vous envoient donc en « colo ». Ce peut être à la mer, à la montagne,
pour faire de la voile ou du tennis, en France, ou en Angleterre pour que
vous deveniez bilingue. Où que ce soit, c'est une bonne occasion de se faire
des copains, en s'amusant bien !

C'est dur de raconter !

En rentrant à la maison, il est difficile d'exprimer tout ce que vous avez vécu. Racontez quand même les temps forts de cette colonie, vos parents seront heureux de découvrir ce que vous y avez fait. Et vous pouvez développer vos récits dans un journal intime pour garder en mémoire cette super-semaine.

Avant le départ

À mesure que la date du départ approche, vous êtes de plus en plus intimidée. Afin d'apprivoiser l'idée de partir, aidez vos parents à faire les courses pour compléter la liste des affaires demandées. Préparez votre sac avec eux. Il est important de savoir avec quoi vous partez et où sont rangées les choses : là-bas, ce sera à vous de vous occuper de vos petites affaires.

Ouh ! là, là !

Voici l'heure du départ. Copains, moniteurs, vous découvrez ces visages inconnus avec qui vous allez vivre en colonie. Vous êtes perdue, vous vous demandez ce que vous faites là ? Normal ! Ce cafard peut durer quelques heures, le temps de faire connaissance. Plus vous vous montrerez sociable, plus vite cette tristesse disparaîtra.

Pas d'ennui en colonie

De toute façon, il n'y aura pas de temps morts : le programme est chargé, les activités s'enchaînent, et vos moniteurs se chargeront de mettre une bonne ambiance qui fera passer très (trop !) vite cette colonie. Profitez bien de chaque instant ! Jeux, balades, veillées : vous rentrerez à la maison avec une provision de bons souvenirs pour l'année entière.

67

Vivre nombreux

La colonie est un temps de vacances prévu pour le plaisir, mais il ne faut pas oublier que vous êtes nombreux. Il y a des principes de vie en collectivité à respecter pour que les moniteurs restent de bonne humeur et que votre sécurité soit parfaite : obéir aux règles, rendre les petits services qui facilitent la vie en groupe, éviter les chahuts très sonores, rester patiente même quand les moniteurs font l'appel dix fois de suite dans le car et les lieux publics.

▶ Voir aussi :
Vacances,
Voyage scolaire.

Retour express

Si au bout de quelques jours votre malaise du tout début n'a pas disparu, que l'ambiance est mauvaise, que les moniteurs ne sont pas gentils, qu'ils s'occupent mal de vous, que l'endroit est sale ou que vous n'avez pas ce qu'il faut à manger, appelez vos parents et n'hésitez pas à le leur dire. Ils viendront vous chercher pour rentrer à la maison.

Complexes

*Les complexes sont des jugements
défavorables que vous portez sur vous-même :
vous vous trouvez trop petite, trop grosse,
moins douée que vos copines…*

Un miroir déformant

Les complexes physiques ressemblent à un miroir déformant : quand vous vous regardez à travers eux, vous avez l'impression d'être laide. Vous maudissez votre taille, votre poids, vos oreilles décollées, vos lunettes, votre appareil dentaire, ou encore la nature de vos cheveux. Et vous êtes persuadée que ce ou ces défauts sautent aux yeux de tout le monde.

Je ne suis pas douée

Les complexes ne sont pas seulement corporels : on peut se croire moins brillante, moins drôle que les copines. Ces complexes de l'intelligence peuvent être encore plus pénibles à vivre car ils rendent timide. Quand on n'a pas confiance en soi, on n'ose jamais prendre la parole, on rougit, on bafouille, et on finit par faire mauvais effet… sans aucune raison.

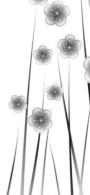

Défauts
Peur
Personne n'est parfait

Le complexe de supériorité

La plupart des filles ont des complexes d'infériorité : elles se trouvent moins bien que leurs copines. Mais quelques-unes ont, au contraire, un complexe de supériorité, elles se croient les meilleures.
Un complexe à combattre aussi, parce qu'il n'est pas plus réaliste… et qu'il ne rend pas aimable !

Pour vivre tranquille

Personne n'est parfait, c'est pourquoi tout le monde a des complexes, même les actrices de cinéma. Étonnamment, une fille ravissante peut même avoir plus de complexes qu'une autre moins jolie. Pourquoi ? Parce que les complexes dépendent de votre caractère. Si vous vous acceptez comme vous êtes, sans toujours vous demander à quoi vous ressemblez, vos complexes vous laisseront en paix…

Pas de loupe sur vos défauts !

Vous pensez qu'un détail cloche chez vous ? Relativisez : justement, ce n'est qu'un détail. Par exemple, si vous trouvez votre nez trop long, sachez que personne ne le remarque. Même vos amies, qui passent du temps à vous regarder, aiment votre visage avec son nez un peu long, ses beaux yeux, ses fossettes et tout le reste ! Alors, il est inutile de manœuvrer pour vous placer de trois quarts quand vous parlez aux gens, ou pour vous mettre au dernier rang sur les photos !

Vous êtes admirable aussi !

Vous reconnaissez que amies nagent plus vite que vous, racontent des blagues plus amusantes ou semblent plus à l'aise pour participer en classe. C'est bien d'être modeste, cela vous pousse à progresser. Mais vous rabaisser injustement saboterait votre confiance en vous ! Vous avez des qualités différentes et vous pouvez les mettre en valeur !

▶ Voir aussi :
Beauté,
Coquette,
Mode,
Poils,
Poitrine.

Confiance

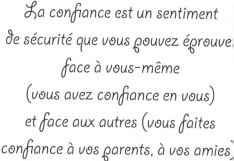

La confiance est un sentiment de sécurité que vous pouvez éprouve face à vous-même (vous avez confiance en vous) et face aux autres (vous faites confiance à vos parents, à vos amies)

Une saine audace

Avoir confiance en vous, c'est savoir que vous pouvez compter sur vos qualités. Cette assurance vous donne de l'audace dans tous les domaines : vous osez aller vers les autres, prendre une vraie place dans votre bande d'amies, participer en classe, réaliser des performances sportives…

La fierté, c'est bon pour la santé !

À votre âge, vous avez déjà beaucoup de talents. Plus vous croyez en eux, plus vous les laissez s'exprimer. Résultat, ils grandissent encore et toujours. La confiance en vous est donc un moteur de votre épanouissement : cultivez-la ! Quand on se croit nulle, on est bloquée pour avancer dans la vie : on s'imagine incapable de réaliser ses rêves et ses ambitions.

Une pincée d'humilité

Chez la plupart des filles, la confiance en soi est toujours en lutte contre une certaine timidité. C'est normal, vous êtes modeste. Bravo de vous reconnaître imparfaite : la modestie est encore une de vos qualités ! Un excès de confiance en soi peut faire oublier qu'on a toujours des progrès à faire. On tombe alors dans la vantardise ou l'insolence… et, pis, dans le mépris des autres.

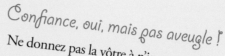

Confiance, oui, mais pas aveugle !

Ne donnez pas la vôtre à n'importe qui :
— un adulte qui vous aborde dans un lieu public ;
— un inconnu qui veut parler avec vous sur Internet ;
— une grande du collège qui vous propose d'essayer une cigarette…

Petite interview

Soyez modeste, mais consciente de vos dons et de votre énergie. Si vous manquez d'assurance, il existe des moyens pour en trouver. Par exemple, demandez à votre meilleure amie quelles sont vos cinq qualités principales (elle en citera sûrement plus !). À vous ensuite de développer ces traits de caractère qui font l'admiration des autres.

Le soutien des adultes

Bien sûr, personne (pas même un adulte) ne peut vivre en comptant seulement sur ses propres forces. C'est pourquoi vous avez aussi besoin de faire confiance aux autres. À vos parents d'abord. Vous savez qu'ils veulent votre bien : leur éducation vise à vous rendre heureuse. Vous avez aussi confiance en vos professeurs : ils sont sérieux, ils vous apprennent des choses justes.

Confiance et confidences

Enfin, évidemment, vous avez confiance en vos amies : vous n'hésitez pas à partager avec elles des émotions, des histoires, des secrets de votre vie de fille. Malheur à celle qui trahit vos confidences ! Elle quitte aussitôt le cercle de vos amies. C'est la preuve que la confiance est la base des relations humaines et qu'il vaut mieux être une personne « sûre » si on veut avoir sa place dans le cœur des autres.

▶ Voir aussi :
Copines,
Frères et sœurs,
Parents,
Secrets.

Mes parents ne me font pas confiance !

Vos parents souhaitent vous rendre indépendante, mais il faut des années pour apprendre à exercer votre liberté ! C'est pour cela qu'ils décident encore beaucoup de choses à votre place. En suivant leurs conseils et leurs exigences, vous leur prouvez que vous êtes une fille sur qui on peut compter. Et plus ils vous feront confiance… plus ils vous laisseront d'autonomie !

Console de jeux

On joue, un peu, beaucoup,
toute seule ou à plusieurs,
passionnément, à la folie !

Chez soi ou en voyage

Grâce aux progrès de l'informatique, la console de jeux que connaissaient
vos parents – la célèbre Game Boy – est maintenant dépassée par des petites
sœurs beaucoup plus perfectionnées : la Wii, qu'on branche sur la télévision
familiale, et la DS de poche qu'on peut emporter partout avec soi, jusqu'au
prochain modèle, qui sera encore plus perfectionné.

Des foules de jeux à portée de main

Grâce à ces consoles, compatibles entre elles et connectables à Internet, tous
les jeux sont possibles. Vous pouvez jouer seule ou à plusieurs. La seconde
solution est toujours la meilleure ! Trop de jeunes s'enferment dans leurs
jeux solitaires, c'est le principal problème des consoles.

Plus on est de fous, plus on rit

Comme tout le monde, vous êtes une fille sociable. Les jeux « de société » (ceux que vous partagez avec vos amis) sont donc forcément plus épanouissants ! Alors, quand vous avez envie d'utiliser votre Wii, invitez des copines pour jouer avec vous, ou proposez à votre père une partie de tennis à l'écran !

Game over

À propos de tennis, il ne faut pas oublier que les jeux sportifs virtuels vous défouleront toujours moins qu'un vrai match. Et la plus époustouflante des courses automobiles, où vous envoyez dans le décor les champions de formule 1, ne vaut pas un modeste tour à vélo ! Alors, dès que vous sentez votre esprit s'échauffer, dès que votre corps attrape des crampes à rester immobile, soyez raisonnable, écoutez ces signaux. Il faut éteindre l'écran et sortir prendre l'air !

La DS, c'est bien, mais…

La console portative est pratique pour occuper les longs voyages en voiture (sauf si elle vous donne mal au cœur !), mais n'oubliez pas que vous pouvez aussi jouer avec vos frères et sœurs, ou prendre le temps d'admirer le paysage… Et, arrivée chez vos grands-parents, ne vous précipitez pas dans votre chambre pour continuer à y jouer. Sinon, papi et mamie vont avoir l'impression qu'ils vous dérangent !

▶ **Voir aussi :**
Copines,
Frères et sœurs,
Week-end.

Savoir-vivre

– On ne sort pas sa console en classe (bien sûr).
– Ni dans la cour de récréation (les copains se sentiraient en trop).
– On ne joue pas à la console à table (le repas est l'occasion de discuter et de rire en famille).
– Encore moins à l'église pendant le mariage d'une grande cousine.
– Et si on joue dans le bus, on garde un œil sur les autres voyageurs, au cas où il faudrait laisser son siège à une personne âgée !

76

Jouer
S'amuser

Ensemble

Copains

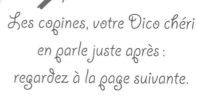

Les copines, votre Dico chéri
en parle juste après :
regardez à la page suivante.
Maintenant, on va s'occuper des garçons.

Copains au masculin

À côté de votre bande de copines, vous avez peut-être des amis au masculin. Une amitié entre filles et garçons, c'est possible, et c'est génial, même si c'est généralement plus rare.

Un monde de différences ?

Beaucoup de filles croient que trop de choses les séparent des garçons (et beaucoup de garçons croient la même chose). On ne joue pas aux mêmes jeux, on a rarement les mêmes activités extrascolaires. Les passions, les films préférés sont différents. Et alors ? Cela n'empêche pas qu'on puisse s'entendre.

Ça me change !

Une relation privilégiée entre un garçon et une fille peut s'établir justement parce qu'on aime ces différences. On n'a pas besoin de tout partager pour s'apprécier. Et puis, un copain, c'est parfois reposant… Chut, ne le dites pas aux copines ! Quand vous n'avez pas envie de commenter pendant des heures les potins de l'école, c'est plutôt lui que vous allez voir ! Et quand Léa et Eugénie vous agacent avec leurs brouilles qui n'en finissent pas, vite, un peu d'air !

▶ Voir aussi :
Boum,
Différences,
Filles et garçons,
Pudeur.

Il m'apprend des choses !

Un copain ouvre sur un monde que vous ne connaissez pas trop : le monde des garçons. Avec lui, vous apprendrez que le football se joue à onze, qu'on joue au rugby avec ses mains et ses pieds et, pourquoi pas comment faire le gâteau au chocolat fondant !

Un c'est bien, deux c'est mieux

Si vous avez un copain, le mieux serait encore d'en trouver un deuxième, et même un troisième. Pourquoi ? En raison de votre prochain anniversaire, pardi ! Quand vous invitez un garçon chez vous, soyez gentille, ne le laissez pas vivre l'après-midi seul au milieu d'une ribambelle de princesses à la fête. Il risquerait de se sentir un peu… copain unique.

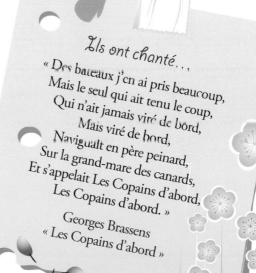

79

Ils ont chanté…

« Des bateaux j'en ai pris beaucoup,
Mais le seul qui ait tenu le coup,
Qui n'ait jamais viré de bord,
Mais viré de bord,
Naviguait en père peinard,
Sur la grand-mare des canards,
Et s'appelait Les Copains d'abord,
Les Copains d'abord. »

Georges Brassens
« Les Copains d'abord »

Fou rire

Amitié

Solidarité

Copines

Vous n'imaginez pas la vie sans elles.
Vous n'en avez jamais assez de les voir,
à l'école, le mercredi, le week-end
et même en vacances !

Sœurs de cœur

Vos amies, ce sont en quelque sorte vos sœurs de cœur. Avec elles, vous partagez tout : des récréations entières, des après-midi de liberté qui vous semblent trop courts, des fous rires, des exposés à préparer, des petits chagrins et des grandes questions, des secrets, des coups de téléphone, et bien d'autres choses encore.

Comme un arc-en-ciel

Vous avez toutes des passions et des traits de caractère en commun. Pourtant, ce sont aussi vos différences qui font votre amitié. Parmi vous, il y a les fonceuses, les calmes, les timides, les blagueuses, les bosseuses. Si vous vous ressembliez trop, peut-être que vous ne vous entendriez pas si bien. Une bande de copines est un arc-en-ciel de personnalités. Il faut cultiver ces différences, sans chercher à se copier par amit

À éviter

Critiquer une amie devant une autre amie, même pour rire.
Vos critiques risquent fort de parvenir aux oreilles de la copine concernée : alerte, tempête en vue !

On fait la paire !

Bien souvent, l'une de ces copines compte plus que les autres : c'est votre meilleure amie. Vous partagez encore plus de moments et de confidences avec elle. Vous connaissez très bien ses parents, ses frères et sœurs, qui vous reçoivent à la maison comme si vous faisiez partie de la famille.

Un excès à éviter

En général, cette relation privilégiée ne crée pas de jalousie chez vos autres copines : elles admettent bien la paire que vous formez. Alors, savourez à fond cette amitié précieuse… sans vous replier sur elle. Une relation exclusive peut devenir possessive : vous finissez par estimer que votre amie vous appartient, vous vous vexez si elle s'intéresse à d'autres personnes. Devenue étouffante, l'amitié ne peut que mourir !

Pour entretenir l'amitié

Il faut :
– une oreille prête à écouter les confidences ;
– une langue qui s'interdit de répéter les secrets ;
– des mots gentils quand une amie va mal ;
– une carte postale pour les copines
dont l'anniversaire tombe
pendant les vacances.

Bienvenue aux nouvelles

Même si votre groupe d'amies
est formé depuis longtemps,
laissez une porte ouverte
pour accueillir des nouvelles,
à la rentrée comme
en cours d'année.
Une bande de copines est faite
pour évoluer, c'est comme
cela qu'elle respire.

▶ Voir aussi :

Bavardage,
Bonheur,
Collège,
Différences,
Générosité,
Jalousie,
Soirée pyjama.

83

SOS disputes

Les copines, c'est du bonheur, sauf quand les brouilles vous empoisonnent la vie. Jalousies, incompréhensions, gaffes, critiques… Pour limiter les dégâts, n'hésitez pas à vous expliquer rapidement ; le dialogue dissipe la plupart des malentendus. Il faut aussi savoir demander pardon si vous avez des raisons de le faire… et accepter les excuses des copines : une rancunière fait une mauvaise amie !

Belle, belle, belle !

Coquette

Le coq, qui a donné son nom à la coquetterie,
a la réputation d'être vaniteux et ridicule.
La coquetterie serait-elle donc
un vilain défaut ?

La coquette et l'épouvantail

La coquetterie vous pousse à choisir avec goût des vêtements, une coiffure, un parfum, ou un collier assorti à votre tenue. Elle vous invite à soigner votre apparence pour être encore plus jolie. Une fille qui ignore la coquetterie (mais cela existe-t-il ?) pourrait vite ressembler à un épouvantail. Deux chaussettes différentes ? Où est le problème ? Une brosse à cheveux ? Pourquoi perdre du temps à se coiffer ? Une douche ? Quelle horreur, un bain par mois, c'est déjà trop !

Trop, c'est trop

La coquetterie ne devient un défaut que lorsqu'elle est excessive. Il ne faut pas vivre devant un miroir, ou détester le sport juste parce qu'il oblige à porter de vilaines baskets et un horrible survêtement. Il ne faut pas non plus arriver à l'anniversaire d'une amie habillée comme une princesse pour éclipser les copines : on n'est pas au concours de Miss Monde ! Tant qu'on n'atteint pas ces extrémités, vive la coquetterie…

Au secours, je ne sais pas comment m'habiller !

Malgré votre coquetterie, vous n'êtes pas toujours sûre de vous. Devant un miroir, vous hésitez : est-ce que je suis jolie comme cela ? Est-ce que ces vêtements, cette coiffure me vont bien ? À votre âge, il est normal de vous poser ces questions. Vous avez toute votre vie pour vous créer un style. Et encore, celui-ci changera avec les années et les modes ! En attendant, vos parents sont là pour vous aider quand vous avez besoin d'un conseil.

86

▶ **Voir aussi :**
Appareil dentaire,
Beauté,
Cheveux,
Complexes,
Hygiène,
Maquillage,
Mode.

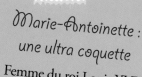

Marie-Antoinette : une ultra coquette

Femme du roi Louis XVI, elle appréciait tout particulièrement ses nombreuses perruques ornées de multiples façons. Elles pouvaient être garnies de plumes d'autruche ou d'autres oiseaux, de fleurs, de gaze, de dentelles, de diamants : certaines perruques étaient même composées de six étages ornés différemment !

Carnet secret

Ma vie

Mes rêves

Devoirs

Jamais tranquille

Il n'y a pas un jour, pas une semaine de vacances, où vos professeurs oublient de vous donner du travail à la maison. Auraient-ils peur que vous ne vous ennuyiez ? Ils veulent surtout vous aider à consolider vos connaissances. Si vous ne mettiez pas les leçons en pratique chez vous, elles entreraient par une oreille pour ressortir par l'autre. Les devoirs mobilisent votre mémoire et votre intelligence !

Réviser un contrôle avec une amie

C'est une excellente idée, surtout si vous avez une mémoire auditive (qui retient mieux les leçons révisées à haute voix). Lisez vos cahiers à deux et interrogez-vous. Mais attention à ne pas glisser des devoirs aux potins ! Fixez-vous une durée de travail pendant laquelle tout bavardage sera interdit !

Tout va bien se passer !

Il y a des soirs où vous avez l'impression de crouler sous le travail. Pas de panique : avec une bonne organisation, vous maîtriserez toujours votre emploi du temps. Commencez par une petite heure de pause pour goûter au retour de l'école. Pas plus, pas moins : vous serez plus efficace à tête reposée.

Silence, on pense !

Installez-vous ensuite dans votre chambre, devant un bureau bien rangé et bien éclairé. Ménagez-vous une atmosphère calme. C'est le moment d'afficher le panneau « Ne pas déranger SVP » sur votre porte à l'attention de vos frères et sœurs ! Travailler en musique ? Certaines y parviennent (en choisissant des morceaux tout doux), mais d'autres ont besoin d'un vrai silence pour se concentrer !

Du plus pressé au plus lointain

Faites trois piles de devoirs devant vous : une pour les affaires urgentes à traiter avant demain, une pour les travaux à faire dans les deux ou trois jours et une autre pour les devoirs plus lointains. Il est important d'y réfléchir à l'avance : si vous avez 15 dates d'Histoire à retenir ou deux pages de conjugaison à apprendre, mieux vaut ne pas commencer la veille du contrôle ! En étalant votre apprentissage, vous serez moins stressée et plus performante.

90

▶ Voir aussi :
Collège,
Ma chambre,
Mauvais carnet.

En vacances

N'attendez pas la veille de la rentrée pour jeter un regard désespéré à votre agenda. Mieux vaut faire vos devoirs au début des vacances, tant que les leçons mijotent encore au chaud dans votre tête !

Dieu

Ce petit mot de quatre lettres,
il vous faut une demi-seconde
pour le prononcer.
Mais vous aurez besoin de toute votre vie
pour l'explorer !

Un Dieu, des dieux ?

En cours d'Histoire, vous avez fait connaissance avec les dieux de la Grèce, de Rome ou de l'Égypte. Ces personnages ressemblaient aux hommes par leurs caractères et leurs aventures. Il fallait les respecter si on voulait s'en faire des amis : autrement, gare à leurs colères ! Aujourd'hui, personne n'honore plus ces dieux. Mais dans certains pays d'Asie ou d'Afrique, il y a toujours des religions polythéistes, qui affirment l'existence de plusieurs dieux.

Les trois religions monothéistes

Trois religions écrivent Dieu au singulier et avec une majuscule pour dire qu'il n'y en a qu'un et qu'il est tout-puissant. Ce sont le judaïsme (les juifs), le christianisme (les chrétiens) et l'islam (les musulmans). Pour elles, Dieu a créé le monde, les hommes lui doivent la vie, et ils peuvent avoir une relation personnelle avec lui par la foi et la prière.

Trois attitudes

L'athée a la conviction que Dieu n'existe pas.

Le croyant a la conviction que Dieu existe.

Entre les deux, **l'agnostique** pense que la question mérite d'être posée, mais qu'on ne peut pas y répondre avec certitude.

Croire ou pas

Personne ne peut prouver que Dieu existe… ou qu'il n'existe pas. La foi est donc une aventure. Être croyante, c'est choisir de faire confiance : à ceux qui ont vécu avant vous et qui vous ont transmis leur foi, et au livre sacré dont votre religion dit qu'il contient la parole de Dieu (la Torah pour les juifs, la Bible pour les chrétiens, le Coran pour les musulmans). Être croyante, c'est vous lancer dans une recherche courageuse qui durera toute votre vie : « Qui donc est Dieu ? »

Pourquoi courageuse ?

Parce que la foi a des conséquences sur votre vie. Croire en Dieu vous amène à vous demander : « Qu'est-ce que l'existence de Dieu change pour moi ? Quel sens donne-t-il à ma vie ? » Ce sont des questions qui influencent vos rapports avec les autres ! Par exemple, le christianisme affirme que les hommes doivent s'aimer comme Dieu les aime : un message qui va loin puisque Jésus-Christ demande d'aimer même ses ennemis. La foi n'est donc pas une réflexion qu'on mène dans le vague, mais une démarche personnelle qui résonne sur la vie quotidienne.

▶ **Voir aussi :**
Bien (et mal),
Bonheur,
Différences.

93

Quand on y croit,
peut-on le dire ?

Un peut parler de sa foi entre copines !
L'essentiel est de respecter ce que les autres croient,
ce qu'elles ont appris dans leur famille.
On appelle **tolérance** l'attitude qui pousse
à respecter les convictions des autres.

Différences

Regardez chaque élève sur votre dernière photo de classe. Il n'y en a pas un qui ressemble à son voisin. Vive les différences !

Tous différents devant l'objectif

Chacun est unique par sa couleur de peau, ses vêtements, sa manière de sourire (ou de faire la grimace). Ici, c'est l'intello de service ; là, c'est le cancre dont les notes restent vissées au plancher ; ici, c'est le plus beau de la classe ; il y a le groupe des filles et là, celui des garçons…

Un aperçu du monde

Dans ce groupe d'élèves, chacun est parfaitement unique. Sans parler de ses rêves d'avenir ou de ses croyances religieuses, qui accroissent encore les différences. Votre classe vous donne un aperçu du monde dans lequel nous vivons, où aucune personne n'est pareille à sa voisine.

Roméo et Juliette

Dans la pièce de Shakespeare du même nom, Roméo et Juliette sont amoureux. Tout les oppose, et leurs familles, les Capulet et les Montaigu, sont ennemies depuis toujours. Pourtant, grâce à leur amour, ils vont dépasser leurs différences.

95

Quand les différences dérangent

Les différences font la richesse de votre classe et aussi celle du monde. Quelle vie tristounette on vivrait avec des gens tous pareils ! Mais, bien sûr, il arrive que les différences nous dérangent. Elles bousculent nos façons de penser : on voudrait être sûr d'avoir raison, d'être le plus fort ou le meilleur.

Le puzzle du monde

C'est pour cela qu'il est bon de cultiver dès votre âge deux grandes qualités : l'ouverture d'esprit et la tolérance. Soyez vous-même, fière de vos talents et de vos opinions, puisque vous êtes un exemplaire unique ! Mais ne méprisez jamais les autres : même le plus laid de la classe (qu'on ne peut pas réduire à sa laideur), même le moins brillant, même l'handicapé qui semble peut-être le plus « différent » des hommes. Tous uniques, tous égaux dans le puzzle du monde : s'il manquait un morceau, qui pourrait le remplacer ?

▶ **Voir aussi :**
Filles et garçons,
Générosité.

Savoir-vivre
Si vous êtes invitée chez des personnes qui ont une autre origine et une autre culture que les vôtres, c'est à vous de vous adapter.
Imitez vos hôtes, faites comme eux, qu'ils mangent avec des baguettes ou avec les mains, sans critiquer ni dire que c'est mieux chez vous ! Les différences sont sources d'enrichissement personnel.

Écologie

« Un petit pas pour l'homme,
un grand pas pour l'humanité ! »

Si nombreux !

Plus de six milliards d'hommes peuplent la Terre. Ils doivent manger, boire, se laver, se soigner, se déplacer, vider leurs poubelles… et ces besoins ont des effets sur la planète. Quand on est si nombreux, il vaut mieux s'organiser pour que ces effets ne soient pas destructeurs. L'écologie est une vision du monde qui nous invite à nous sentir tous responsables, pour ne pas abîmer plus cette Terre dont nous avons besoin.

Vive le progrès ?

Attention, l'écologie ne s'oppose pas aveuglément aux progrès industriels ! Grâce à eux, on vit maintenant très longtemps, on soigne des maladies graves, on produit plus de nourriture… du moins dans les pays développés, car des progrès restent à accomplir pour que le monde entier bénéficie de ces chances. Être soucieuse d'écologie, ce n'est donc pas rêver de vivre comme autrefois, à des époques où les hommes étaient plus vulnérables.

Sonnettes d'alarme

Reste qu'il faut exploiter ces progrès d'une manière raisonnable. Depuis quelques années, on sait l'importance de protéger la planète. Des études ont montré que la pollution a des conséquences graves sur l'atmosphère. Des catastrophes comme les marées noires ont prouvé que les erreurs humaines détérioraient l'environnement. On sait aussi que les réserves naturelles de la planète sont limitées et qu'il ne faut pas les gaspiller.

Efficaces, les filles !

Un brossage de dents
= 2 minutes.

Un robinet qui coule pendant
2 minutes = 4 litres d'eau.

En fermant le robinet
quand vous vous brossez
les dents, vous économisez donc
4 litres d'eau !

1 million de filles qui font
comme vous économisent
4 millions de litres.
Bravo, les écolos !

« Biodégradable » : attention, méfiance !
Vous avez peut-être entendu dire que les peaux de banane, les coquilles d'œufs ou les mouchoirs jetables disparaissent au bout d'un certain temps si on les abandonne en pleine nature.
Ce n'est pas une raison pour laisser des détritus derrière vous en promenade !

Des lois pour protéger la Terre

L'écologie préoccupe beaucoup les gouvernements, surtout ceux des pays riches (qui consomment le plus d'énergie). Il existe des lois pour limiter la chasse, l'exploitation des forêts, l'utilisation de produits chimiques en agriculture ; et d'autres lois pour empêcher les usines de fonctionner n'importe comment en polluant l'air et les rivières.

Des gestes simples

Mais l'écologie ne concerne pas seulement les hommes politiques, elle commence à la maison. Éteindre la lumière quand vous quittez une pièce, ne pas laisser la télévision en veille, ne pas gâcher l'eau courante, mettre un pull pour éviter d'allumer votre radiateur à fond, ne pas ouvrir les fenêtres quand le chauffage fonctionne, trier vos poubelles… autant de gestes quotidiens à votre portée !

▶ *Voir aussi :*
Animaux,
Hygiène.

Famille

Vivre en famille, c'est naviguer
à plusieurs sur le même bateau.
Et un bateau, ça n'avance pas tout seul :
les membres d'équipage ont chacun
du travail à bord. On ne peut pas rester
allongée sur le pont à regarder
les autres se démener !

Au boulot, les miss mousses !

Vos missions spéciales : ranger votre chambre, faire votre lit, mettre votre linge sale dans la corbeille, et aussi veiller à la propreté des pièces communes que vous utilisez. On ne laisse pas de cheveux dans la baignoire (en espérant que la douche des suivants les fera pousser plus longs). On range les jeux de société étalés dans le salon après le passage des copines, malheureusement ils ne se rangent pas encore tout seuls, à moins que vous ne soyez Mary Poppins ! Et on nettoie la cuisine quand on a fait un gâteau, même si on a l'impression d'avoir déjà bien travaillé !

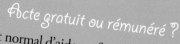

Acte gratuit ou rémunéré ?

Il est normal d'aider sa famille et ses parents dans la vie de tous les jours. Cependant, s'il s'agit de « gros travaux » (repeindre un mur, tondre la pelouse, laver la voiture), vos parents vous rémunéreront peut-être avec une petite somme d'argent pour vous remercier de vos efforts.

Responsable

Il y a aussi les « plus » qui montrent que vous vous sentez vraiment impliquée dans votre vie de famille : être serviable au moment des repas, garder les petits quand vos parents sortent le soir, baisser le son de votre émission préférée si vous savez que votre frère révise un contrôle… et, plus généralement, demander de temps en temps à vos parents ce que vous pouvez faire pour les aider. La vie de famille est plus douce quand tout le monde y participe sans attendre d'y être obligé !

Vivre en famille, c'est aussi…

– Cultiver l'art de sourire, de parler, de dire les choses quand vous êtes agacée plutôt que de bouder, parce que la bouderie n'explique rien aux autres.
– Savoir demander pardon et accepter des excuses après une dispute.
– Écrire une carte postale pour vos grands-parents avec vos frères et sœurs.
– Préparer ensemble les fêtes et les anniversaires de la famille.
– Fêter chaque bonne nouvelle dignement (la ceinture jaune de judo de votre frère, la promotion de maman…), savoir se réjouir pour les autres, qui fêteront avec le même enthousiasme votre bonne note à un devoir de maths !

Maman a besoin d'aide !

Une vie de maman est parfois
un peu compliquée : entre le travail,
la maison et les enfants,
elle n'a pas toujours le temps
de tout faire et elle peut vite
être débordée et fatiguée.
Alors n'hésitez pas à la soulager,
vous, sa grande fille chérie :
un peu de ménage, un repas simple
improvisé, une machine lancée
et étendue, et vous lui retirerez
trois épines du pied !

▶ Voir aussi :
Frères et sœurs,
Grands-parents,
Parents,
Vacances.

Fan

On appelle fans
les admirateurs(trices) passionné(e)s
d'une star de la musique ou du cinéma.
La fan attitude, c'est à votre âge
que cela commence !

103

J'adore

Laquelle d'entre vous n'a jamais écouté en boucle les chansons d'un artiste favori ? Laquelle n'a pas son chouchou parmi les célébrités ou les groupes qui font la une des magazines ? Qu'elle se dénonce… et que son nez s'allonge !

Un bon sujet de conversation !

C'est génial de vibrer pour le style d'un(e) artiste, surtout quand vous partagez cette passion avec les copines. Ce qui arrive souvent, car le succès des stars est aussi un phénomène de mode, qui rassemble toutes les filles du même âge. Alors, quand vous vous lancez sur ce thème-là avec vos amies, vous êtes sûres de devenir intarissables. Vos soirées pyjama ont toutes les chances de finir en chansons et en pas de danse !

Du verre à dents au poster géant

Bien sûr, votre admiration doit naviguer dans les limites du raisonnable. Le jour où vous trouverez la chambre d'une amie décorée des portraits de son idole, du verre à dents au poster géant en passant par la trousse et le réveil ; le jour où elle écrira son nom sur chaque page de son agenda ; où elle connaîtra par cœur les adresses des mille sites Web qui concernent cette star ; où elle l'idéalisera au point de lui prêter toutes les qualités du monde… attention ! Elle sera en passe de devenir une fan malheureuse, dont la vie tourne autour d'un rêve impossible.

Let's speak English

Au royaume des célébrités, tous les mots viennent de l'anglais !

– **Star** : étoile. Un mot qui désigne les grandes célébrités du cinéma.

– **Jet-set** : ce mot (féminin) désigne l'ensemble des personnages riches et célèbres de la planète. On dit aussi les « people ».

– **Show-biz** : abréviation de « show-business ». Le monde du show-biz regroupe les acteurs, les chanteurs, les artistes en vue, et tous leurs agents de publicité.

– **Groupies** : fans d'un chanteur ou d'un groupe.

– **Fan** : même ce mot vient en fait de l'anglais *fanatic* !

Les pieds sur terre

Aidez-la à garder son bon sens, c'est le meilleur service que vous pourrez lui rendre. D'abord, essayez de lui glisser qu'une vedette n'est pas un être parfait, même si elle est belle et qu'elle a une voix en or ! Ensuite, délivrez-lui avec douceur le message suivant : il ne faut pas vivre pour une personne qui ne soupçonne même pas votre existence. La réalité, c'est vous, c'est l'affection de votre entourage.

▶ Voir aussi :
Copines,
Mode,
Musique.

Fatigue

De la petite « baisse de régime »
jusqu'à la grosse fatigue, voilà de quoi
recharger vos batteries et repartir
plus en forme que jamais !

« Petit coup de pompe »

Il existe plusieurs sortes de fatigue. Il y a d'abord le « coup de mou » d'un jour, quand vous vous réveillez avec des paupières en plomb. Cette fatigue a souvent des causes bien repérables. Vous vous êtes couchée tard, vous avez mal dormi, vous avez un gros rhume ou même une angine. Un peu de repos et cela ira mieux : ce soir, couchez-vous tôt !

Vrai-faux

Si je fais du sport avant de me coucher, ça me fatiguera et je dormirai mieux.
Faux. Une séance de sport trop tardive agit comme un excitant.

J'ai besoin de huit heures de sommeil par nuit.
Faux. Ce temps de sommeil est bon pour les adultes ! Vous, il vous faut encore dix heures au minimum.

Une grosse grasse matinée guérit la fatigue.
Vrai et faux. Exceptionnellement, cela peut être nécessaire pour récupérer. Mais les changements de rythme perturbent l'organisme. Il vaut mieux avoir deux nuits d'une longueur normale qu'une nuit très courte suivie d'une nuit très longue.

Baisse de régime

Devant une fatigue qui se prolonge, il faut chercher d'autres raisons qu'un simple manque de sommeil. Mangez-vous bien ? C'est important en pleine période de croissance ! Ne vous privez-vous pas de nourriture pour faire un petit régime, que vous jugez nécessaire mais qui, à votre âge, est ridicule ? Une alimentation mal équilibrée priverait votre corps d'apports essentiels. Insistez sur la viande et le poisson, les féculents et les laitages, sans oublier les fruits et les légumes. Il vous faut peut-être, pour retrouver la forme, une cure passagère de vitamines en complément de repas variés : parlez-en à vos parents.

Dans la tête

Enfin, il y a la fatigue que vous pouvez ressentir avant de vous attaquer à vos devoirs ou d'entrer en cours de sport. Bizarre, bizarre ! Il est plus rare de vous sentir épuisée au moment d'aller au cinéma ou à l'anniversaire d'une copine ! Le seul moyen de soigner cette fatigue-là est de trouver des motivations pour faire ce que vous avez à faire. Si vous vous mettez au travail avec énergie, vous finirez plus vite. Si vous êtes dynamique en sport, la leçon sera moins pénible que si vous décidez de vous sentir toute flagada…

▶ Voir aussi :
Devoirs,
Poids,
Sport.

108

Filles et garçons

Fille ou garçon ?
Dans les choux ou dans les roses ?
Jupe ou pantalon ?

Pourquoi naît-on fille ou garçon ?

Tout se joue bien avant la naissance, dès la conception de l'enfant. Le sexe du bébé est déterminé par une minuscule cellule qui se trouve à l'intérieur du spermatozoïde du papa qui rencontre l'ovule de la maman. Il existe des cellules X et des cellules Y. Si elle est porteuse du X, le bébé est une fille. Si elle est porteuse du Y, le bébé est un garçon.

Premières différences

Les premières différences visibles entre un garçon et une fille sont les organes génitaux. Ces différences se prolongent à l'intérieur du corps, dans les organes qui permettent d'avoir des enfants. Dans le ventre de la femme se trouve l'utérus, la poche extensible dans laquelle un bébé peut se développer. L'organe sexuel de l'homme fabrique des spermatozoïdes, ces graines qui vont à la rencontre des ovules de la femme pour former un bébé.

Puberté, quand les différences se creusent

À votre âge, à part pour les organes génitaux bien sûr, les garçons et les filles sont encore assez semblables. Les différences s'accentuent à la puberté, vers 12-13 ans. Côté filles, vous aurez vos règles, votre poitrine poussera, votre taille s'affinera tandis que celle des garçons restera droite. Mais eux aussi auront des surprises : celle d'entendre leur voix devenir grave, celle de voir pousser leur barbe ou encore leur pomme d'Adam, une bosse qui ressort au milieu de la gorge.

▶ **Voir aussi :**
Copains,
Différences,
Poitrine,
Pudeur.

Respect !

Dès votre âge, il est important d'apprendre à côtoyer les garçons dans le respect et la bonne humeur. On ne se moque pas des autres, on ne se croit pas les plus fort(e)s. Garçons et filles ont la même valeur et le monde a besoin des deux !

N'allez pas croire que…

– Les filles sont plus « filles »
quand elles ont les cheveux longs.
– Les garçons sont moins soigneux que les filles.
– Les garçons n'ont pas le droit de pleurer.
– Les filles sont plus douées pour
être institutrices et les garçons,
pour être pompiers !

Aînée

Cadette

Petite dernière

PETITS DESSERTS ENTRE AMIS...

Frères et sœurs

Avec vos frères et sœurs, vous provenez du même moule.
Pourtant, chacun est un modèle unique !
C'est pourquoi la vie d'une fratrie
(on appelle ainsi l'ensemble des frères et sœurs)
n'est pas un long fleuve tranquille…

Aînée ou p'tite dernière

Votre rang dans la fratrie influence vos relations avec les autres. Aînée, vous êtes la plus mûre, la plus responsable, et vous avez plein de choses à apprendre aux petits ! Dernière, vos parents ont peut-être relâché leurs exigences, et les aînés vous traitent de chouchoute, ce qui n'empêche personne de vous adorer. Au milieu, il faut trouver votre place entre le grand frère adolescent qui ne dit pas grand-chose et la petite sœur qui vous imite et vous pique vos affaires…

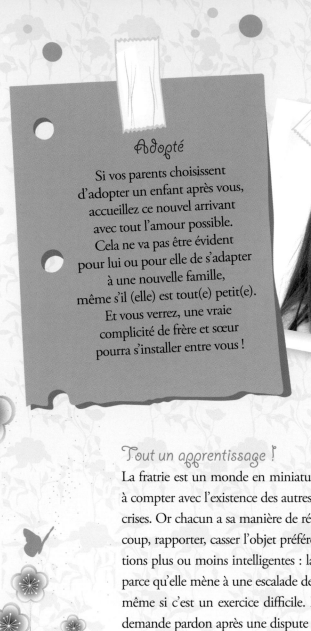

Adopté

Si vos parents choisissent
d'adopter un enfant après vous,
accueillez ce nouvel arrivant
avec tout l'amour possible.
Cela ne va pas être évident
pour lui ou pour elle de s'adapter
à une nouvelle famille,
même s'il (elle) est tout(e) petit(e).
Et vous verrez, une vraie
complicité de frère et sœur
pourra s'installer entre vous !

Tout un apprentissage !

La fratrie est un monde en miniature où l'on apprend très tôt à partager,
à compter avec l'existence des autres. C'est génial, mais cela ne va pas sans
crises. Or chacun a sa manière de réagir aux agressions : rendre coup pour
coup, rapporter, casser l'objet préféré de la sœur pénible… Il y a des réac-
tions plus ou moins intelligentes : la vengeance n'est jamais une solution,
parce qu'elle mène à une escalade des hostilités. Le dialogue est préférable,
même si c'est un exercice difficile. Et quand un frère ou une sœur vous
demande pardon après une dispute dans laquelle il avait tort, c'est important d'oublier l'histoire. La rancune envahit durablement les relations entre
frères et sœurs !

Ennemis un jour, unis toujours

Quand vos frères et sœurs vous apparaissent comme un cauchemar, n'oubliez pas qu'ils sont aussi votre plus belle chance : celle d'avoir une maison
vivante, celle de partager des moments de grande complicité. Et si vous
avez le sentiment de mal vous entendre malgré vos efforts, rassurez-vous :
vos relations changeront avec le temps. Quand chacun aura bien marqué
son territoire, vous vous sentirez proches de ces frères et sœurs avec qui vous
avez partagé tant de choses !

▶ Voir aussi :
Famille,
Générosité,
Parents.

Demi-frères, demi-sœurs

Après une séparation des parents,
si l'un d'eux refonde une famille, vous pouvez être
amenée à vivre avec d'autres enfants.
Chacun peut trouver sa place dans
cette « famille recomposée », surtout si tous
font des efforts pour se connaître,
s'accepter, créer des liens.

Générosité

La générosité est cette belle quali[
qui vous pousse à penser aux autr[
Elle vous embellit
et vous rend meilleure.

Des cadeaux !

La générosité est souvent associée à des cadeaux. Vous avez peut-être des grands-parents, un parrain ou une marraine généreux, toujours prêts à vous gâter pour Noël ou pour votre anniversaire.

La générosité ne se mesure pas en euros

Mais la générosité, ce n'est pas que cela. Sinon, seuls les adultes pourraient être généreux, puisque vous n'avez pas une tirelire très remplie ! Pour faire

« Généreuse », pas « bonne poire »

Sachez dire non à la copine sans-gêne qui vous demande de lui offrir votre joli stylo ou à celle qui vous supplie de la laisser tricher sur votre copie. Il y a des limites à la générosité, au-delà desquelles on se fait exploiter.

plaisir, vous pouvez dépenser autre chose que de l'argent. Du temps passé ensemble, des efforts pour expliquer à une copine la leçon qu'elle n'a pas comprise… ou tout simplement un bon geste envers votre frère, comme de lui prêter le CD dont il rêve nuit et jour. Être attentive aux besoins de ceux qui vous entourent, essayer de leur rendre service ou de leur faire plaisir, voilà la générosité !

À chacun ses moyens selon son âge

La générosité va encore plus loin quand elle est dirigée vers des gens qui ne nous sont pas tout proches. Si vous faites l'effort d'accueillir une nouvelle à la rentrée, si vous évitez qu'on se moque du souffre-douleur de la classe, si vous proposez à un camarade malade que vous ne connaissez pas bien de lui prêter vos cahiers pour qu'il les recopie, vous êtes généreuse comme un adulte qui offre de l'argent aux pauvres ou qui s'engage dans des associations d'entraide aux démunis.

▶ **Voir aussi :**
Argent de poche,
Bien (et mal),
Copines,
Famille,
Frères et sœurs.

Famille

Papi et mamie

Grands-parents

Ah ! Papi et mamie,
grand-père et grand-mère,
bon papa et bonne maman,
pépère et mémère,
comme vous les aimez,
vos grands-parents !

119

Des grands-parents

Vos grands-parents sont les parents de vos parents et vous en avez donc quatre. La différence avec les filles de votre âge qui vivaient autrefois, c'est que beaucoup d'entre vous ont la chance de connaître tous leurs grands-parents vivants et souvent même leurs arrière-grands-parents.

de choses sans avoir la responsabilité éducative de vos parents. Ils sont là

Jamais à court d'idées

Vos grands-parents sont donc jeunes. Il n'y a pas longtemps qu'ils ont pris leur retraite ; certains même travaillent encore. En tout cas, ils sont dynamiques, toujours partants pour s'occuper de vous. Vous avez remarqué qu'ils ont plein d'idées d'activités. C'est qu'ils ont beaucoup d'expérience après avoir élevé leurs propres enfants.

▶ **Voir aussi :**
Famille,
Frères et sœurs,
Parents,
Vacances.

120

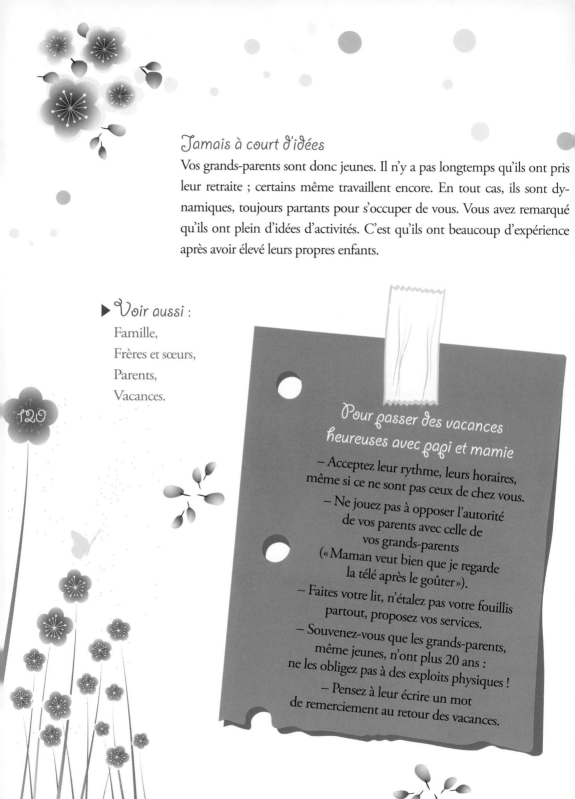

Pour passer des vacances heureuses avec papi et mamie

– Acceptez leur rythme, leurs horaires, même si ce ne sont pas ceux de chez vous.

– Ne jouez pas à opposer l'autorité de vos parents avec celle de vos grands-parents («Maman veut bien que je regarde la télé après le goûter»).

– Faites votre lit, n'étalez pas votre fouillis partout, proposez vos services.

– Souvenez-vous que les grands-parents, même jeunes, n'ont plus 20 ans : ne les obligez pas à des exploits physiques !

– Pensez à leur écrire un mot de remerciement au retour des vacances.

Je m'ennuie…

Parfois, si vous restez longtemps chez vos grands-parents, vous commencez à vous ennuyer un peu. Peut-être sont-ils à court d'idées pour vous occuper. Proposez-leur des choses que vous avez envie de faire (cinéma, cuisine…), ils seront contents aussi d'être entraînés et de profiter de votre énergie !

Curieux de tout, curieux de vous

Ils ont des rapports privilégiés avec vous. Ils peuvent vous apprendre plein de choses sans avoir la responsabilité éducative de vos parents. Ils sont là pour vous gâter, vous écouter, résoudre vos soucis, guérir vos chagrins. N'hésitez pas à leur faire confiance, à leur demander des conseils. Tout ce qui vous concerne les intéresse et ils ont sur vous un regard très juste, à la fois proche et capable de recul.

Mémoire de la famille

Vos grands-parents sont aussi la mémoire de votre famille. Grâce à eux, vous découvrez les bêtises que faisaient vos parents quand ils avaient votre âge, et toutes ces histoires drôles ou émouvantes qui ont peuplé leur enfance. C'est aussi chez eux que vous créez des liens avec vos cousins. Tout cela compte, et pour longtemps !

Hygiène

On appelle hygiène l'ensemble
des soins que vous apportez
à votre corps pour le maintenir
en bonne santé au quotidien.

Propre et nette

L'hygiène commence par la propreté. Chaque jour, une toilette s'impose !
La douche, à grand renfort de savon, pour noyer les microbes récoltés à
l'école ou ailleurs. Le brossage des dents pendant deux minutes pour délo-
ger les bactéries, à l'origine des caries.

La santé des autres

En dehors de cette douche (à compléter par un shampoing tous les quatre ou
cinq jours), l'hygiène passe aussi par des gestes simples pendant la journée.

Bon à savoir

Les ongles longs favorisent le développement des microbes, qui aiment se cacher dessous. Il est préférable de les couper souvent. En revanche, défense de les ronger !

Par exemple, il est important de se laver souvent les mains, au minimum avant les repas et en sortant des toilettes. Ou encore de mettre la main devant la bouche quand on tousse ou qu'on éternue, car l'hygiène consiste aussi à protéger la santé… des autres !

ZZZZZzzzzzzzz…

Soigner votre corps, c'est aussi lui garantir de bonnes nuits. Le sommeil est indispensable à la santé physique. Pour ne pas grignoter les dix heures de repos qui vous sont nécessaires, il faut penser à éteindre la lumière à une heure raisonnable le soir, même si vous êtes plongée dans la BD du siècle !

À table !

Enfin, l'hygiène est aussi l'attention que vous portez à votre alimentation. C'est la nourriture qui fournit son énergie au corps, mais pas

123

n'importe laquelle. Vous avez besoin de vous mettre à table quatre fois par jour. Avis aux gourmandes, on ne picore pas entre les repas ! Votre nourriture quotidienne doit être variée et saine : vous ne pourriez pas vivre de frites et de bonbons.

Mangez malin

Mettez l'accent sur les fruits et légumes, la viande ou le poisson (une fois par jour), les féculents (pâtes, riz, pommes de terre) qui rechargent vite les réserves d'énergie, et sur les produits laitiers qui fortifient les os en période de croissance. Des desserts ? Bien sûr, mais pas trop ! Interdiction d'enchaîner une mousse au chocolat avec un gâteau à la crème et une meringue !

▶ Voir aussi :
Appareil dentaire,
Cheveux,
Famille,
Poids,
Pudeur,
Règles,
Sport.

Premier déo

Vers 10-12 ans, les premiers signes de la puberté se manifestent. Il se peut que vous commenciez à transpirer sous les bras et que des odeurs corporelles apparaissent. Dans ce cas, il est temps de vous acheter votre premier déodorant. Choisissez-le tout doux et sans alcool, et commencez à vous en mettre un peu tous les matins après la douche ou la toilette.

Internet

Bienvenue sur le Web,
un moyen d'information
et de communication sans limites.
De clic en clic, vous n'aurez jamais
fini de vous y promener…
Attention quand même
à ne pas y passer votre vie !

Une révolution récente

L'apparition d'Internet à la fin des années 1990 a été une vraie révolution. Depuis cette date, en allumant un écran d'ordinateur, on a accès à des millions de sites qui proposent des millions de choses. Vous voulez préparer un exposé ? Commander un livre ? Trouver une image, une musique, un film, une recette de fondant au chocolat ? Acheter un billet de train ? Partager les photos de votre anniversaire avec vos copines ? Internet est là !

Surfer c'est bien, trier c'est encore mieux !

Internet est un outil fabuleux. C'est aussi un labyrinthe d'informations dans lequel on peut se perdre si on ne repère pas les sites sérieux. Par exemple, quand vous préparez un travail de classe, ne piochez pas vos renseignements dans les blogs personnels où l'auteur écrit ce qu'il veut. Internet n'est pas un

dictionnaire, on y trouve des erreurs ! Faites-vous aider par un adulte qui vous orientera vers les bons sites.

Toujours ensemble

Se connecter, c'est aussi avoir accès au mail et aux messageries instantanées comme Messenger (l'ancien MSN). Grâce à eux, vous aurez la chance de rester facilement en contact avec une amie qui déménage. Les vacances ne vous éloigneront plus de vos copains. Vous pourrez même communiquer avec votre bande d'amies sans leur téléphoner toutes les dix minutes !

Un temps pour tout

Attention quand même à choisir les bons moments pour dialoguer sur Internet. Quand vous faites vos devoirs, déconnectez-vous… Sinon, vous allez passer votre temps à regarder l'écran pour guetter les messages. Pis, vous allez être tentée d'y répondre ! Il faut savoir profiter à fond des possibilités d'Internet… et décrocher quand vous n'êtes pas disponible.

▶ Voir aussi :
Console de jeux,
Copines,
Devoirs.

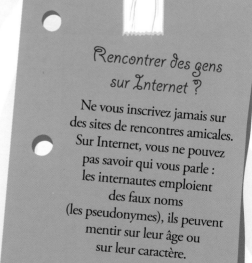

Rencontrer des gens sur Internet ?

Ne vous inscrivez jamais sur des sites de rencontres amicales. Sur Internet, vous ne pouvez pas savoir qui vous parle : les internautes emploient des faux noms (les pseudonymes), ils peuvent mentir sur leur âge ou sur leur caractère.

Téléchargements

Il existe des sites sur lesquels on peut acheter un film, une musique. Grâce à l'argent qu'on leur paie pour télécharger leur musique ou leur film, les artistes pourront créer d'autres chefs-d'œuvre. C'est pour protéger leur travail que les téléchargements gratuits sont punis.

127

Jalousie

La jalousie est cette envie que vous pouvez
ressentir face à ceux que vous croyez
plus gâtés, plus doués que vous.
Mais c'est aussi un sentiment de colère
quand vous pensez qu'une amie vous abandonne
pour une autre copine.

Les amis mieux servis

Se comparer aux autres est une manie très humaine. Qui n'a jamais regardé dans l'assiette du voisin pour voir si elle était plus remplie que la sienne ? Qui n'a jamais pensé : « Il a trop de chance », « Elle reçoit de plus beaux cadeaux que moi » ?

Ma copine est jalouse, que faire ?

Elle croit que vos autres amies la remplacent dans votre cœur ? Montrez-lui qu'il n'en est rien, dites-le-lui avec des mots simples et justes. Les jalouses manquent souvent de confiance en elles : elles ont besoin d'être rassurées. Mais ne vous laissez pas convaincre d'abandonner vos autres copines !

Quel poison !

Même si la jalousie est un sentiment naturel, il est important de lutter contre elle. Elle vous gâche la vie en vous empêchant de savourer toutes les chances que vous avez vous-même. Elle peut même ternir, gâter vos amitiés si vous la laissez voir : vos amies seraient vite mal à l'aise si elles vous sentaient envieuse.

À chacune sa chance

Pour combattre la jalousie, une seule solution : se raisonner, comprendre qu'on se trompe. Chacun a ses privilèges, ses talents, ses bonheurs. Vous en avez tout autant que vos ami(e)s, mais ils sont différents, parce que votre vie est unique !

Amitié partagée

L'autre forme de jalousie fait encore plus mal, celle qu'on éprouve quand on se croit délaissée par une copine ou moins aimée que ses frères et sœurs. Là aussi, dites stop à ce poison ! Si votre amie a une autre amie, ne pensez pas qu'elle ne vous aime plus. L'amitié n'est pas un gâteau dont les parts rétrécissent quand il faut partager ! On peut avoir plusieurs amies qui comptent chacune énormément. Souvent même, ces amitiés-là durent plus longtemps que des relations exclusives qui finissent par être étouffantes.

129

Dans le cœur de vos parents

Quant à vos parents, aucun doute : ils aiment chacun de leurs enfants, sans vous mettre sur une balance pour mesurer vos poids dans leur cœur. Si vous avez l'impression qu'ils sont plus exigeants avec vous, c'est peut-être parce que vous êtes la plus grande, la plus mûre. Et si vous les trouvez quand même trop sévères, il ne faut pas hésiter à le leur dire, pour avoir avec eux une explication qui fera du bien à tout le monde. La jalousie en famille n'est terrible que lorsqu'elle reste cachée : une fois exprimée, on peut la détruire… et même en rire !

▶ Voir aussi :
Complexes,
Confiance,
Copines,
Différences,
Frères et sœurs,
Parents.

130

Jupe

La jupe est le privilège des filles,
l'affaire des miss, le petit plus
qui fait la différence entre votre garde-robe
et la penderie de votre frère.
Chouette !

Une jupe, des jupes

La jupe existe sous toutes ses formes : courte, longue, droite ou évasée, en imprimé à fleurs ou en jean, en velours ou en tissu léger. Toutes les couleurs et tous les motifs sont permis ! Les garçons n'ont pas droit à une telle fantaisie !

La jupe, je n'aime pas ça !

Toutefois, à votre âge, beaucoup de filles n'aiment plus se mettre en jupe. Même celles qui, il y a quelques années, faisaient toute une histoire quand on leur imposait un pantalon ! La jupe est moins pratique pour bouger, moins chaude en hiver. Elle oblige aussi à porter un collant et certains types de chaussures peu confortables. Voyez Cendrillon : si elle avait pu mettre des baskets avec sa tenue de bal, elle ne les aurait pas perdues et elle aurait couru plus vite !

Montrer ses jambes, et pourquoi pas ?

La jupe laisse aussi les jambes découvertes (ou couvertes d'un collant) et, à votre âge, on n'aime pas toujours cela. Mais qu'est-ce qu'elles ont, vos jambes ? Si vous les trouvez trop grosses ou trop maigres, écoutez votre maman vous dire que vous vous trompez : vous êtes très jolie ainsi. Et ce n'est pas le petit duvet qui les recouvre qui doit vous donner des complexes : il n'y a que vous qui le voyez !

Pour faire la fête

Pour certaines occasions (soirées, mariages, Noël, etc.), il serait dommage de bouder la jupe, féminine et festive ! Le pantalon est votre « bleu de travail » pour la classe et votre meilleur allié pour les journées sportives, mais ne privez pas la jupe de ses sorties exceptionnelles. Si vous ne savez pas à quoi l'assortir, demandez conseil, votre maman a des avis pleins d'expérience.

Allergique ?

Si vous ne supportez vraiment pas les jupes, choisissez au moins pour les fêtes un pantalon qui soit féminin jusqu'au bout des ourlets, et pas ce jean dont on pourrait penser que vous l'avez chipé à votre frère !

132

Trop !

Une jolie jupe courte, c'est bien, mais avec un débardeur et des nu-pieds, pour aller à l'école, c'est un peu trop, ou plutôt pas assez. Gardez ces vêtements légers et peu couvrants pour la plage l'été !

133

▶ Voir aussi :
Complexes,
Coquette,
Filles et garçons,
Poils.

Maman, tu m'emmènes faire les courses ?

En grandissant, vous changez souvent de taille, et donc de vêtements. Si vous avez envie de choisir les jupes qui vous plaisent, n'hésitez pas à accompagner votre mère lorsqu'elle va faire des courses. Cela vous donnera peut-être envie de porter plus souvent des jupes et, pourquoi pas, même à l'école !

Mon royaume...

Ma chambre

Votre chambre,
c'est le royaume dont vous êtes
la princesse. Vous y dormez,
travaillez, rêvez, lisez, écrivez
sur vos carnets secrets… et, bien sûr,
vous y recevez vos meilleures copines pour
jouer et papoter interminablement.

Les rangeuses et les autres

Puisque vous régnez sur ce domaine, il est normal qu'il vous ressemble. Il porte l'empreinte de vos habitudes. Chez certaines, on ne peut pas mettre un pied devant l'autre, et le lit n'est fait qu'au 1er janvier (jour des bonnes résolutions). Chez d'autres – plus rares –, pas question qu'un cheveu traîne sur la moquette, non mais !

Tout doit disparaître

Entre ces deux extrêmes, la plupart d'entre vous naviguent à l'aise dans un petit fouillis apprivoisé. Prévoyez quand même de pouvoir le ranger facilement les jours de ménage. En effet, votre chambre est censée obéir aux lois communes de la maison : on range, on nettoie et on aère régulièrement !

Rangement mode d'emploi

En principe, tout doit trouver sa place dans les étagères, les placards ou sur le bureau. Pour ranger les objets vraiment inclassables, on peut acheter des jolies boîtes en carton qui ne coûtent pas cher et se glissent sous un lit ou en haut d'une armoire.

Une chambre, deux propriétaires

Certaines filles partagent leur chambre. Dans ce cas, on peut aménager la pièce en créant deux coins séparés par un rideau ou par un meuble : chacune a ainsi son espace d'intimité où entretenir son petit désordre personnel… dans la limite du raisonnable !

Pensez à l'éclairage

Les lampes sont indispensables à la santé de vos yeux. Pour le bureau, demandez à vos parents une lumière vive. Attention, certaines lampes ont de jolis abat-jour… qui ne supportent pas les ampoules fortes. Choisissez bien !

Quelques idées générales pour la décoration

– Sur les murs, vive les couleurs douces ou joyeuses : pas de noir ou de rouge, à la longue, c'est déprimant.

– Pour fixer les photos légères, la pâte adhésive ou les épingles fines valent mieux que les grosses punaises qui laissent des traces lorsque vous souhaitez changer la décoration.

– Pour vos bibelots : si vous en accumulez trop, vous n'y ferez plus attention, et ils deviendront des nids à poussière. L'idéal est de faire tourner vos collections en rangeant dans un carton les objets que vous avez trop vus, ce sera un bonheur de les redécouvrir plus tard.

▶ **Voir aussi :**

Carnet secret,
Copines,
Famille,
Frères et sœurs,
Parents.

137

Interdit d'entrer !

Vous pouvez demander à ce qu'on frappe avant d'entrer et réclamer qu'on ne fouille pas dans vos affaires à la recherche de vos journaux intimes et autres secrets. Mais en cas de besoin, vos parents ont le droit de pénétrer chez vous, même si vous n'êtes pas là : votre chambre n'est pas une forteresse !

Maltraitance

La maltraitance désigne toutes les formes de mauvais traitements qu'un adulte peut infliger à un enfant ou à une personne faible.

Un fort contre un faible

Il s'agit de violences physiques (les enfants battus sont victimes de maltraitances) mais aussi de violences verbales : cris, vexations, menaces. Hurler sur un enfant, lui répéter qu'il ne vaut rien, le faire vivre dans un climat de peur, ce sont des cas de maltraitance.

Crime caché, crime très grave

Il y a aussi une forme particulière de maltraitance appelée pédophilie : l'adulte cherche à obtenir des relations sexuelles avec l'enfant. La pédophilie n'est pas toujours accompagnée de coups ou d'injures. L'adulte peut être gentil, si bien que l'enfant ne comprend pas forcément qu'il est devenu une victime. La pédophilie est un crime très grave.

Attention aux fausses dénonciations !

Il est très grave de garder le silence et de ne pas dénoncer un adulte qui maltraite un enfant. Mais il est aussi très grave de dénoncer un adulte juste pour jouer ou faire l'intéressante, ou parce qu'on n'aime pas cette personne.

Pris au piège

La maltraitance est comme un piège qui se referme sur l'enfant. Celui-ci n'a aucun moyen de se protéger. Il a peur de révéler à d'autres adultes ce qui se passe, surtout quand la personne le menace pour l'obliger à garder le secret : la situation peut donc durer très longtemps. C'est encore pis lorsque l'adulte est un proche, comme dans les cas d'inceste où le pédophile est une personne de la famille.

La pire des lâchetés

Quelle que soit la forme que prend la maltraitance, elle est insupportable. C'est pourquoi, si vous êtes informée d'un cas de maltraitance subie par une copine, vous avez le devoir d'en parler à un adulte de confiance, qui se chargera de vérifier les soupçons et qui saura ce qu'il convient de faire. Dans ce domaine, aucun secret ne doit être gardé, même si votre amie vous supplie de ne rien dire : c'est pour son bien qu'il faut parler.

▶ Voir aussi :
Bien (et mal),
Secrets.

139

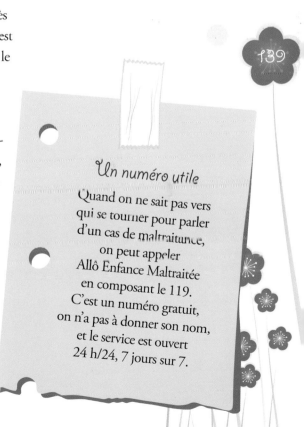

Un numéro utile

Quand on ne sait pas vers qui se tourner pour parler d'un cas de maltraitance, on peut appeler Allô Enfance Maltraitée en composant le 119. C'est un numéro gratuit, on n'a pas à donner son nom, et le service est ouvert 24 h/24, 7 jours sur 7.

C'est la fête !

Copines

Se déguiser

Maquillage

Le maquillage, c'est cette touche
de magie qui fait briller plus fort
vos déguisements.
Les filles, à vos palettes !

Être une autre !

Le maquillage achève de vous transformer : maquillée, vous reconnaissez-vous ? Fée, princesse, bohémienne ou libellule, on dirait que vous êtes passée de l'autre côté du miroir, au pays des merveilles ! Regardons votre boîte à couleurs. Comment l'utiliser au mieux ?

Les paillettes

Une pincée de paillettes saupoudrée sur le haut de la tête, et vous brillez comme une princesse : l'éclat de vos cheveux fait ressortir celui de vos bijoux. Vous pouvez aussi appliquer discrètement un gel pailleté au coin des yeux, pour obtenir un regard de fée.

Le rouge à lèvres

Rouge ou rose ? Il est important de l'assortir à votre tenue ; peut-être pouvez-vous en avoir deux dans votre boîte à trésors. Attention à bien l'appliquer jusqu'aux extrémités des lèvres. N'hésitez pas à essuyer ce qui dépasse d'un coup de mouchoir, surtout au milieu de la lèvre supérieure : la courbure doit être bien tracée. Votre maman, qui se maquille régulièrement, peut vous aider !

La poudre

Un coup de poudre rose sur le haut des pommettes et abracadabra ! vous voici princesse au teint de pêche. On se croirait un soir de bal ! Mais il est inutile d'en mettre trop ni partout sur le visage, cela masquerait votre jolie peau satinée… que beaucoup de vraies princesses pourraient vous envier.

142

▶ **Voir aussi :**
Boum,
Copines,
Coquette,
Hygiène.

Après la fête, la toilette !

L'eau ne suffit pas pour enlever le maquillage. Servez-vous d'un lait démaquillant doux (que votre maman utilise certainement et qui est disponible en grande surface, tout comme le maquillage) et plusieurs cotons de suite jusqu'à ce que le dernier soit tout blanc après avoir essuyé votre joli visage !

Les crayons gras

Ils peuvent servir à réaliser des maquillages à thème : papillon ou coccinelle, Pierrot ou Colombine. On trouve dans des catalogues des modèles qui transforment votre visage en véritable masque ! Il est important d'acheter des crayons lavables au savon de Marseille. Leurs taches sur vos déguisements partiront aussi plus facilement.

Et au quotidien ?

Le temps d'un Mardi gras ou d'un anniversaire, le maquillage, c'est la joie du rêve et de l'exceptionnel. Mais vous vous demandez peut-être à quel âge il fera partie de votre ordinaire ? Quand commence-t-on à se maquiller comme maman ? Il n'y a vraiment pas d'urgence ! D'accord, les produits de beauté donnent de l'éclat à la peau. Encore faut-il que celle-ci en ait besoin : or, à votre âge, vous avez un teint de pêche qui se passe très bien d'artifice. Même pour les grandes occasions (mariages, anniversaires, premières boums), il est trop tôt pour vouloir accentuer votre charme naturel, qui n'en a pas besoin.

Mauvais carnet

Il arrive à toutes les filles d'avoir des mauvaises notes…
mais à certaines plus qu'à d'autres,
et ce n'est pas toujours très facile !

Petit sous-marin

Si vous avez l'impression d'être un petit sous-marin qui ne fait jamais surface au-dessus de la moyenne, vous avez des fins de trimestre difficiles. Vous craignez comme la peste le conseil de classe et le jour où les parents recevront le bulletin scolaire.

Près du tableau

Voyez-vous le tableau d'assez près en classe ?
Sinon, n'hésitez pas à vous en rapprocher.
Si vous avez l'impression de lire flou,
parlez-en à vos parents :
c'est parfois à votre âge qu'on découvre
qu'on a besoin de lunettes.

Aussi douée que les copains

Gardez courage et confiance en vous.
Courage, parce qu'il n'y a qu'un seul
moyen de faire remonter vos notes : le travail,
qui vous demande du temps, de la volonté et
de l'énergie. Confiance, parce que votre intelligence
est aussi vive que celle de vos copains mieux classés. Vous
avez les mêmes capacités, la même mémoire. L'important est de
comprendre d'où viennent vos difficultés pour les combattre efficacement.

Organisation à revoir ?

Avez-vous du mal à vous concentrer en classe ? Ne vous asseyez plus à côté
de votre meilleure amie, préférez un voisin moins complice, pour être
plus disponible et écouter les leçons. Êtes-vous au calme pour travailler
chez vous ? Prenez-vous suffisamment de temps pour réviser ? Une avance
confortable permet de mieux réussir ses devoirs.

Le paquet sur vos matières noires

Vous détestez certaines matières ? Faites un gros effort de volonté pour les
travailler en priorité : c'est dur, mais elles finiront par devenir familières.
Ne vous découragez pas si vos notes ne remontent pas dès demain matin ;
souvent, il faut travailler longtemps avant d'être récompensée pour le mal
qu'on s'est donné.

Les professeurs dans le coup

Vous traversez peut-être des difficultés familiales ou personnelles qui font couler momentanément vos notes ? Dans ce cas, votre instituteur ou votre professeur principal en est-il informé ? Les professeurs seront tout prêts à vous accorder de l'aide et de la patience s'ils voient que vous faites preuve de bonne volonté.

146

▶ Voir aussi :
Collège,
Devoirs,
Ma chambre,
Parents.

Au secours, je vais redoubler !

Vous avez peur de perdre vos amies et de vous retrouver dans une classe de petits… Mais vos amies vous aimeront toujours, et votre future classe vous réserve de belles rencontres. Après une année de difficultés, vous remonterez la pente avec une facilité inespérée. Le redoublement n'est jamais une punition et vous ne tarderez pas à découvrir ses bienfaits.

Mensonges

Les mensonges sont ces inventions par lesquelles on cache ou on déforme la vérité. Ils peuvent être petits ou énormes, pas graves ou dangereux, selon les situations.

Un mauvais calcul

Depuis que vous êtes petite, vos parents vous invitent à ne pas mentir. Ils le font parce que le mensonge est toujours une manière de tricher avec les autres et avec soi même. On ment pour éviter la honte (« Ce n'est pas moi qui ai cassé ce vase ») ou par paresse (« Oui, maman, j'ai fini mes devoirs ») ; dans tous les cas, le mensonge est une solution de facilité. Seulement, après, il complique les choses. On est souvent obligée d'inventer d'autres histoires, on aboutit à des situations difficiles et on finit par regretter de ne pas avoir choisi la franchise.

À bas la médisance !

Le mensonge se glisse parfois dans les bavardages entre amies, sous une forme particulière : la médisance, qu'on appelle aussi la « calomnie ». Quand on est agacée par une copine, on peut être tentée d'inventer des histoires sur elle pour la ridiculiser ou lui attirer des ennemi(e)s. Répétées et amplifiées, ces rumeurs peuvent faire beaucoup de mal, et pour longtemps. C'est une forme spécialement lâche de mensonge !

Toute vérité n'est pas bonne à dire

Mentir par méchanceté est une attitude détestable. Et mentir par gentillesse ? Si une amie vous demande votre avis sur sa nouvelle jupe, faut-il répondre « Elle est affreuse » ou lui faire un compliment qui masquera votre opinion ? Il faut parfois savoir tenir sa langue pour éviter de faire de la peine aux autres ! Pour éviter de se sentir trop hypocrite, vous n'êtes pas obligée d'être excessive dans l'autre sens (« C'est la plus belle jupe que j'ai jamais vue »).

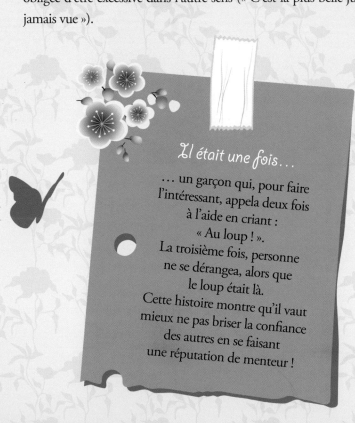

Il était une fois...

... un garçon qui, pour faire l'intéressant, appela deux fois à l'aide en criant : « Au loup ! ». La troisième fois, personne ne se dérangea, alors que le loup était là. Cette histoire montre qu'il vaut mieux ne pas briser la confiance des autres en se faisant une réputation de menteur !

Plusieurs degrés

Dire à un enfant : « J'ai vu un paon faire la roue dans le jardin » et dire à une copine : « J'ai vu Léa te voler ton collier » alors qu'on l'a fait soi-même, voilà deux mensonges qu'on ne peut pas mettre dans le même sac ! Mais ce qui est encore mieux, c'est de ne pas mentir du tout !

149

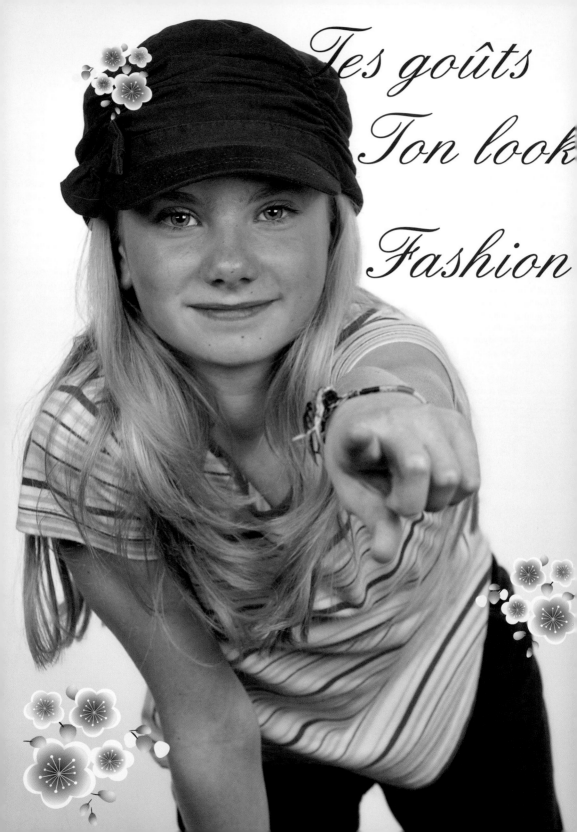

Tes goûts

Ton look

Fashion

Mode

La mode est un ensemble de goûts vestimentaires, musicaux ou autres que tout le monde adopte au même moment.

Les goûts de l'année

Le problème avec la mode, c'est qu'elle change souvent ! Une robe tendance cette année pourra paraître démodée l'an prochain. Et le chanteur qui faisait rêver vos sœurs aînées à votre âge vous semble peut-être complètement *has been* (« dépassé »).

La suivre ou pas

Il est important de suivre la mode de suffisamment près pour ne pas avoir l'air d'une Martienne ou d'une duchesse des siècles passés. Mais il est important aussi de ne pas en devenir esclave ! Il serait dommage de vous rendre malade parce que vos parents ne vous achètent pas la dernière création des marques les plus branchées – qui, comme par hasard, sont aussi les plus chères. Et que vous massacriez les oreilles de toute la famille avec le dernier chanteur à la mode qui chante pourtant bien faux !

Un genre d'uniforme

À l'école, pour certains, c'est un jeu de porter les vêtements ultra tendance de l'année, le blouson à la mode, les pantalons de la marque dont tout le monde rêve. Alors que les écoliers d'aujourd'hui ne portent plus d'uniforme, certains ont besoin de s'en recréer un. Il s'agit d'un réflexe naturel : quand on est habillés de manière identique, quand on écoute la même musique, qu'on va voir les mêmes films, on a l'impression rassurante d'appartenir au même club.

Jolie et différente

Mais il ne faut pas que ce jeu devienne une obligation : la mode vestimentaire se retrouve aussi dans les magasins qui affichent des prix raisonnables. Elle vous laisse assez de choix pour être mignonne et moderne dans des vêtements bien coupés, aux couleurs de l'année. Et si vous n'avez pas les chaussures de marque dont parlent vos copains… c'est peut-être votre différence, votre espace de liberté ? Et si vous préférez la musique classique, c'est aussi pour cela que vous êtes unique !

Quand la mode a du retard

Être à la mode, c'est bien, mais mettre des vêtements qui ne vous vont pas, qui sont un peu vulgaires, avec lesquels on ne peut rien faire, juste pour être comme les copines, c'est idiot. L'important n'est pas tant d'être à la mode qu'à l'aise et jolie dans ses vêtements !

C'est aussi vous qui créez la mode !

Sachez que vous aussi, vous pouvez lancer une mode : si tout le monde porte du noir et que vous arrivez avec un petit haut rose flashy, peut-être que toutes les filles auront envie de faire comme vous, et le lendemain, ce sera devenu la mode de votre école ou de votre collège !

▶ *Voir aussi :*
Copines,
Différences,
Jupe,
Sorties.

153

Musique

*Riez, dansez, chantez, écoutez,
bougez maintenant !*

Dites-moi quelle musique vous aimez, je vous dirai…
… quel âge vous avez. En matière de musique, il y en a pour tous les goûts,
et ceux-ci sont très liés à une génération. À votre âge, beaucoup d'entre vous
n'écoutent plus les CD des parents, mais des musiques en vogue à l'école.
Comme les modes changent vite, vos parents ignorent tout des tubes que
vous écoutez en boucle, et vous riez de devoir leur faire répéter des noms
qui vous paraissent évidents !

En concert

On vous a offert un ticket pour le rêve : une place au concert de votre idole. Attention à rester en groupe, la foule sera énorme et l'ambiance, électrique. Ne vous collez pas à la sono. Celle-ci pourrait dépasser les 90 décibels (seuil au-delà duquel le bruit abîme les oreilles). Ces précautions prises, profitez-en à fond !

Une passion à partager

Il n'y a rien de plus rassembleur que la musique. C'est une chance de partager ces goûts avec vos amies et de rêver ensemble sur les groupes cultes de l'année ou les stars du moment. C'est aussi une chance de guetter les nouveautés pour s'y habituer avec bonheur. Être branchée sur la musique, c'est être branchée sur les autres !

155

À la découverte d'autres musiques

Avec tous les styles qui existent sur terre, il serait dommage de ne pas jouer un peu les exploratrices. Vive l'éclectisme, la capacité à s'intéresser à des musiques différentes ! Profitez de vos cours de piano ou de flamenco pour découvrir le classique ou les danses espagnoles… Écoutez une fois du jazz, juste pour savoir ce que c'est… Et pourquoi ne pas emprunter un CD de musique traditionnelle d'un autre pays à une copine de classe. En essayant d'autres cultures, vous ne trahirez jamais vos goûts, vous élargirez vos horizons.

Pas de terrorisme musical !

C'est merveilleux d'avoir des goûts affirmés, mais on n'a pas le droit de mépriser ceux des autres. Ne dites pas à un copain que son chanteur préféré est bon à jeter à la poubelle parce qu'il a déjà cinq ans d'âge. Ne traitez pas vos parents de dinosaures culturels et ne dites pas à vos grands-parents que Mozart est nul à pleurer ! Ce jugement risque d'ailleurs de les faire plutôt… sourire !

Moins fort SVP !

Autre règle de savoir-vivre, mieux vaut écouter la musique discrètement. Même si vos tubes sont plus beaux quand ils font vibrer les baffles, n'obligez pas la voisine du cinquième à descendre quatre étages pour vous supplier de baisser le volume ! Même et surtout dans des écouteurs, ne mettez pas le son trop fort. Vous vous retrouveriez à 15 ans avec les oreilles usées d'une arrière-grand-mère. Non, ce n'est pas une exagération, c'est une mise en garde des médecins !

156

▶ Voir aussi :
Boum,
Fan,
Mode.

Parents

*Vos parents sont les adultes
les plus proches de vous,
ceux qui vous connaissent
le mieux, ceux qui vous aiment
le plus. Ah, papa et maman !*

157

Le plein d'amour

Vos parents vous ont donné : la vie, quelques ressemblances peut-être, leur nom aussi, une éducation, des cadeaux, de la joie au quotidien. Vous leur donnez : la richesse d'être responsables d'une fille aimée, le bonheur de vous voir grandir en taille et en qualités. Ils sont fiers de vous !

Couacs et accords

La relation entre vos parents et vous est donc fondée sur l'amour. Cela n'empêche pas certaines confrontations dans la vie de tous les jours, quand ils ont des reproches à vous faire, quand vous n'êtes pas d'accord avec leurs exigences, ou tout simplement quand vous êtes fatigués. On se fâche, on réagit mal… mais avec de la bonne volonté, on finit par se comprendre, s'expliquer et se réconcilier.

Toujours plus mûre

Vous grandissez, vos goûts changent, ainsi que les questions que vous vous posez sur la vie. Votre relation avec vos parents est donc en évolution : vous n'avez plus les mêmes questions, les mêmes soucis qu'il y a un an. Pour qu'ils réussissent à vous suivre, il est important de dialoguer avec eux. N'hésitez pas à leur raconter vos journées, vos joies, vos difficultés aussi. Faites-leur confiance, ils sont de bon conseil, et leur plus grand bonheur est de vous aider.

Des questions plein la tête

À votre âge, on se pose des questions sur tous les sujets possibles. L'école ne fournit pas forcément toutes les réponses. Pensez à vos parents, qui essaie-ront toujours de répondre avec justesse et honnêteté. Ils vous diront ce qu'ils savent, ce en quoi ils croient. Si vous voulez bien leur faire confiance, vous tiendrez d'eux des réponses plus fiables et mieux construites que si vous allez à la pêche aux informations auprès des copines… ou sur Internet.

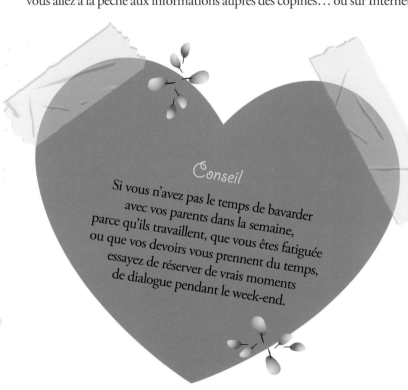

Conseil

Si vous n'avez pas le temps de bavarder avec vos parents dans la semaine, parce qu'ils travaillent, que vous êtes fatiguée ou que vos devoirs vous prennent du temps, essayez de réserver de vrais moments de dialogue pendant le week-end.

Beaux-parents

Après un divorce ou un décès,
on peut être amenée à vivre
avec un beau-père ou
une belle-mère. Ce nouvel
adulte ne reste pas longtemps
un étranger et on peut tisser
une relation de grande
confiance avec lui. Il ne prétend
pas remplacer le parent absent
mais il a, lui aussi, de l'affection
et de l'aide à donner.

▶ Voir aussi :
Confiance,
Famille,
Frères et sœurs,
Week-end.

Poids

À votre âge, vous commencez à monter sur la balance de temps en temps, pour voir. Et vous comparez peut-être votre poids avec celui de vos copines. Ne vous créez pas de complexes et n'en donnez pas à vos amies : il est normal que l'aiguille n'affiche pas le même résultat pour toutes.

Croissance oblige

Vous grandissez, il est donc normal que vous grossissiez, et ce n'est pas fini : au cours de votre adolescence, vous gagnerez environ 20 cm et 20 kilos. Or, bien sûr, toutes les filles ne poussent pas au même âge ! De plus, certaines de vos amies entrent peut-être déjà dans la puberté. Leurs hanches et leur poitrine se développent, c'est un poids supplémentaire pour leur corps. Elles prennent des formes, ce qui ne signifie pas qu'elles sont « grosses ».

▶ Voir aussi :
Complexes,
Différences,
Hygiène,
Sport.

163

À chacun sa silhouette !

En classe, il est important de ne pas avoir un regard sur les autres qui juge, pour que le poids ne devienne jamais une honte. Chacun a sa silhouette, qui changera encore beaucoup. Il est important aussi de ne jamais exagérer quand vous parlez de vous-même, pour éviter de faire de la peine aux autres. Par exemple, si vous dites : « Je suis énorme », vous allez blesser le copain qui a de vrais problèmes de poids !

Faire un régime, qu'est-ce que cela veut dire ?

Cela consiste à surveiller son alimentation pour éviter de grossir. Sauf avis de votre médecin, vous n'êtes absolument pas concernée. En période de croissance, votre corps a besoin d'une grande énergie ; le meilleur régime consiste à manger normalement, quatre repas par jour, sans trop de gras ni de sucré. Et bien sûr... n'oubliez pas le sport, qui élimine les graisses inutiles. Vos muscles bien développés pèseront plus lourd sur la balance mais... ce poids-là signifiera que vous êtes en bonne santé !

Poils

Un poil, deux poils, trois poils, trop de poils ?

Au secours, qu'est-ce qui m'arrive ?

Vous trouvez peut-être que les poils de vos jambes, presque invisibles jusqu'à maintenant, commencent à devenir nombreux et voyants. Autre surprise, vous en voyez apparaître à des endroits où ils n'existaient pas : sous les bras et sur le pubis. Pas de panique : c'est normal ! Le développement des poils est l'un des premiers signes de la puberté.

Merci du cadeau !

Évidemment, ce duvet qui s'épaissit ne fait pas très « féminin ». Pas d'inquiétude pour autant, vous n'êtes pas condamnée à devenir poilue comme un singe ! Lorsque vos poils deviendront trop visibles à votre goût, vous pourrez commencer à vous épiler, c'est-à-dire à enlever régulièrement ces poils disgracieux. Mais vous avez bien le temps…

Comment font les grandes ?

En général, elles commencent par utiliser des produits décolorants pour masquer les poils trop sombres ou mal placés. Ensuite, les crèmes dépilatoires sont la technique la plus facile. Vendues en grande surface, elles ne font pas mal et il suffit aux filles de respecter le mode d'emploi pour s'en tirer comme des championnes ! Plus tard, vous pourrez essayer les produits à base de cire. La cire arrache les poils en profondeur, si bien que ces derniers mettent plus longtemps à repousser. C'est pratique… mais plus compliqué à utiliser et, avis aux douillettes, cela picotera !

Pourquoi les hommes ne s'épilent-ils pas ?

C'est une pure question de culture. Et puis, ils ont déjà assez d'efforts à faire pour se débroussailler le visage…

À éviter

Mais tout cela ne vous concerne pas encore : vos jambes sont juste couvertes d'un petit duvet qui se voit à peine. Si d'aventure il vous gênait, parlez-en à votre maman avant de vous lancer dans une expérience hasardeuse. Et surtout, n'attrapez pas un rasoir pour régler le problème : le poil coupé net repousse vigoureusement et, vingt-quatre heures plus tard, on pique déjà comme un hérisson. Ce n'est pas grave quand il s'agit des joues de votre père, mais ce serait dommage pour vos jolis mollets ! N'essayez pas non plus la coupe aux ciseaux, vous n'êtes pas un mouton !

Quelles parties du corps
les filles s'épilent-elles ?

Dans nos pays occidentaux, la coutume
veut qu'on élimine les poils des jambes,
ceux des aisselles et ceux qui seraient visibles
autour d'un maillot de bain. Mais tout cela
est une question de culture : dans certains pays,
les femmes ne s'épilent pas du tout !

▶ Voir aussi :
Complexes,
Filles et garçons,
Hygiène,
Jupe.

165

La pince à épiler,
à quoi ça sert ?

À enlever des poils isolés
un par un.
C'est du travail
de précision !

Poitrine

166

Tout commence par des tiraillements à peine perceptibles, sauf quand vous appuyez sur votre poitrine : là, ça fait mal ! Votre poitrine est en train de pousser…

Ça tiraille

Cela commence par l'élargissement des deux ronds sombres (appelés aréoles) de vos seins et, surtout, ils vont prendre du relief. Ce changement fait partie des grandes transformations physiques de la puberté.

Signe de féminité

La fonction première des seins est de pouvoir un jour allaiter un bébé, comme chez toutes les mamans mammifères. Mais dans la culture de ces mammifères un peu spéciaux qu'on appelle les hommes, la poitrine a aussi une importance esthétique. Ne soyez pas gênée qu'elle se mette à pousser, c'est merveilleux de voir votre silhouette prendre des formes résolument féminines !

Un peu d'intimité

Plus que jamais, quand votre poitrine pousse, vous avez droit à votre intimité. Vous n'avez plus envie de vous montrer torse nu à vos parents, frères et sœurs, et on le comprend. Ce n'est pas une question de honte, mais de pudeur.

Un peu de shopping

Vos bouts de seins pointent sous les tee-shirts ? C'est le moment de commencer à porter des brassières, ou directement un soutien-gorge. N'ayez pas honte de faire cette course avec votre mère, c'est important d'être conseillée pour ce premier achat. Il y a les soutiens-gorges bien coupés… et les autres ; ceux qui mettront en valeur votre silhouette, et ceux qui ne vous iront pas.

Confortable, le soutien-gorge ?

Les premiers jours, vous avez l'impression de porter sur vous un drôle de « truc », un objet étranger… Et aussi l'impression que tout le monde s'en rend compte… Rassurez-vous, ce n'est pas le cas ! Et vous ne sentirez bientôt plus la présence de cet accessoire qui vous incommode un peu aujourd'hui.

En « retard » ?

Si vous faites partie de celles qui restent encore « plates » alors que certaines copines ont déjà une poitrine développée, ne vous inquiétez pas. Non, la nature ne vous a pas oubliée ! En matière de changements physiques, chaque fille a son propre calendrier. Votre tour viendra, on ne peut pas dire quand. Il ne faut donc pas avoir de complexes : la poitrine n'est pas un uniforme.

Est-ce que je peux connaître mon tour de poitrine définitif ?

Non, rien ne permet de le prévoir… même pas la silhouette de votre maman. Vous serez peut-être très différente d'elle.

▶ *Voir aussi :*
Complexes,
Filles et garçons,
Pudeur.

168

Politesse

« Et le mot magique ? »,
« Tu n'as pas oublié de
dire quelque chose ? »
Ah, ces refrains que vos parents
répètent chaque fois que vous oubliez
s'il te plaît ou merci !

À quoi cela sert-il ?

Vous avez pourtant l'impression d'être claire. Dire « Je veux de l'eau », cela revient à dire : « Est-ce que je pourrais avoir de l'eau, s'il vous plaît », et c'est plus court. Bien sûr, d'un point de vue pratique, les formules de politesse sont inutiles. Vous croyez que cela ne sert à rien de dire bonjour ou au revoir, de prendre un ton aimable lorsqu'on parle, de remercier quand on vous tend une baguette de pain. Cela demande même de gros efforts,

parfois, quand on se sent l'humeur d'un blaireau mal luné. Sans parler de la politesse qui consiste à être à l'heure pour la danse ou le rendez-vous chez le médecin. Arriver quand on veut, sans se presser : quel rêve !

Comme un bouquet

Les preuves de politesse ne servent à rien, et pourtant elles changent tout. Elles ressemblent à des fleurs. Les fleurs sont inutiles dans un jardin, et pourtant qui aurait l'idée de passer la tondeuse dessus ? Quand vous êtes polie, vous rendez les gens heureux. Vous leur montrez qu'ils comptent pour vous, qu'ils ne sont pas des objets encombrants sur votre passage. C'est une manière de leur offrir des fleurs pour les remercier d'être là.

La politesse et l'âge

Il est vrai qu'on attend de vous une politesse spéciale envers les adultes, mais eux-mêmes font preuve d'une politesse spéciale envers les personnes plus âgées. Ce n'est pas injuste, c'est une manière de montrer qu'on respecte l'expérience de ceux qui ont vécu plus longtemps que nous.

La politesse, c'est aussi...

– Ne pas téléphoner chez vos amies aux heures des repas ou trop tard le soir, après 21 h 30.

– Sortir de votre poche vos plus jolies manières à table.

– Tenir la porte au copain qui passe derrière vous.

– Ne pas interrompre les gens lorsqu'ils parlent, même si vous avez quelque chose de très intéressant à dire.

– Éviter les bordées de gros mots ou, pis, les insultes.

À double sens

Alors, oui, cela vaut la peine d'ajouter les fameux « mots magiques » à vos phrases, même quand vous êtes pressée : honnêtement, cela ne gaspille pas beaucoup de salive ni de secondes. D'ailleurs, la politesse fonctionne à double sens et vous avez pu remarquer que vos parents savent aussi vous dire bonjour, s'il te plaît, merci. C'est agréable de recevoir ces petites fleurs, non ?

▶ Voir aussi :
Famille,
Générosité.

Portable

Blablablabla blablabla Blablabla

» *Ah ! Ce petit téléphone qu'on voudrait avoir et emporter partout avec soi…*

Et moi ?

Voilà peut-être l'un des cadeaux que vous demandez chaque année pour Noël : un téléphone portable ! Si votre obstination n'a pas encore été récompensée, vous êtes un peu frustrée. Patience ! Un jour, vous en aurez un. Pourquoi vos parents vous font-ils attendre ? C'est avant tout une question de budget : le prix de l'appareil et le coût de l'abonnement sont élevés. Même les cartes rechargeables sont chères… et on les épuise toujours plus vite que prévu ! Sans parler des dépassements de forfait que ne manqueront pas de causer les pipelettes !

C koi le langag sms ?

Les utilisateurs de portable adoptent une écriture phonétique pour lancer plus vite leurs SMS (messages écrits). C'est pratique… mais ne vous mettez pas à rédiger vos rédactions dans cette ortograf bisar !

Portable et savoir-vivre

– On éteint son portable à l'école ou au collège. Pas de SMS pendant les cours, non mais !

– On ne fait pas profiter tout le monde de sa conversation en parlant très fort. Surtout dans le bus ou autres transports en commun. Restez discrète.

– On ne raconte pas des choses intimes et personnelles sur son téléphone portable en public.

– On ne décroche pas son téléphone lorsqu'on parle à quelqu'un. C'est impoli. Si l'appel est urgent, on prie son interlocuteur de bien vouloir l'excuser et l'on peut répondre.

173

SOS

Dans des situations imprévues, le portable permet de prévenir d'un retard, de demander de l'aide, de rassurer. Or, à votre âge, vous vous déplacez rarement seule, ou seulement sur des trajets sans surprises. Vos parents estiment alors que vous n'avez pas un besoin vital de portable et que, pour le reste (conversations avec vos copines), le téléphone fixe de la maison peut suffire…

Ma copine a déjà un portable !

Il n'y a pas d'âge minimal pour en posséder un ! Et comme dans tous les domaines, la jalousie ne servirait qu'à vous faire mal. En attendant, vous pouvez appeler votre copine depuis le fixe de la maison, et de préférence sur son fixe à elle. Parce que les appels de fixe à portable coûtent très cher !

Premier portable

Le jour où vous recevrez ce beau cadeau, notez bien les conditions du forfait : nombre d'heures et de SMS autorisés par mois. Attention aux dépassements de forfaits, ils sont ruineux !

174

▶ Voir aussi :
Bavardage,
Copines,
Jalousie,
Parents.

Premier baiser

Le petit bisou déposé sur la joue
d'un garçon qui fait battre votre cœur
n'est pas à proprement parler
un premier baiser. Des baisers,
vous en avez vu au cinéma
ou quand deux amoureux s'embrassent
devant vous : c'est une manière particulière
de joindre les lèvres pour dire
à l'autre sa tendresse.

La vie devant vous

Ce geste vous intrigue sans doute, vous fait rêver peut-être. Un jour, ce moment merveilleux vous arrivera à vous aussi. Mais un baiser n'est beau qu'avec un garçon qu'on aime passionnément. Il ne faut pas chercher à en faire l'expérience par curiosité avec le premier venu : mieux vaut attendre un vrai prince charmant, en lui laissant tout le temps d'arriver. De toute manière, il n'y a pas d'urgence, pas d'âge pour un premier baiser.

Je ne saurai pas m'y prendre !

Si vous avez peur de ne pas « savoir faire » la première fois, soyez rassurée, on ne répète pas un baiser à l'avance comme on apprend un rôle pour un spectacle. N'écoutez pas les conseils bizarres qui circulent parfois, venus d'on ne sait où : manger une pomme avant, se mouiller les lèvres… rien de tout cela n'est vrai. Un baiser ne demande pas une série de préparatifs compliqués. Refusez de vous laisser impressionner !

Jardin secret

Tout ce qui compte pour réussir un baiser, c'est le respect et la tendresse qu'on éprouve pour son amoureux. Pour le reste, il n'y a pas de mode d'emploi. Chaque couple a sa façon d'échanger un baiser, et si on prête l'oreille aux conseils des autres, on risque de perdre sa spontanéité. De toute manière, un baiser ne devrait jamais se raconter et, si vous entendez un jour des copines détailler les leurs, ne les imitez pas. Une histoire d'amour ne regarde que les deux personnes qui la vivent.

▶ Voir aussi :
Amoureux,
Filles et garçons,
Pudeur.

176

Doisneau

Il existe une photo très célèbre du photographe Robert Doisneau qui s'appelle *Le Baiser de l'Hôtel de Ville*. Elle date de 1950 et elle a fait le tour du monde. Les deux amoureux qui s'embrassent sont de vrais amoureux, ils ont posé pour cette photographie, qui a pourtant l'air d'avoir été prise sur le vif, comme volée à la vie.

Pudeur

*Votre corps est à vous,
et vous n'avez pas envie que
tout le monde vous voie nue.
C'est tout à fait normal.*

C'est personnel

La pudeur est ce sentiment qui vous pousse à ne pas montrer aux autres les parties « intimes » de votre corps : votre pubis et votre poitrine si elle a commencé à pousser. Pour vous habiller et faire votre toilette, vous avez droit à une salle de bains fermée, vous n'êtes plus un bébé. Précisons vite que les parties intimes n'ont rien de honteux ! Seulement, elles n'appartiennent qu'à vous.

La pudeur varie selon les pays

En Inde, une femme ne montre pas ses épaules nues. Au Japon, on se baigne sans maillot dans des bassins chauds collectifs (hommes et femmes séparés) sans que cela pose aucun problème. Chaque culture a ses expressions de pudeur.

La pudeur des autres

Bien sûr, la pudeur fonctionne à double sens. Si vous n'aimez pas l'idée d'être vue toute nue, vous évitez aussi d'entrer dans la salle de bains pendant la douche de votre frère et, dans les vestiaires du gymnase, vous ne surveillez pas les copines à la loupe lorsqu'elles se changent.

Question de respect

Si vous ne ressentez pas (encore) le besoin de préserver votre intimité, votre grande sœur serait peut-être agacée que vous entriez dans sa chambre quand vous savez qu'elle s'habille. Il est important de respecter son souhait de solitude même si, en raison de votre âge et/ou de votre caractère, vous ne voyez pas où est le problème.

La pudeur du cœur

La pudeur ne concerne pas seulement le corps. Elle désigne une discrétion vis-à-vis des sentiments d'une personne. Par exemple, le jour où vous aurez un amoureux, vous n'irez pas raconter à vos copines tout ce que vous ressentez pour lui, parce que cela ne regarde que vous. Une histoire d'amour n'est pas une pièce de théâtre : on se passe très bien d'un public !

Arracher des aveux ?

Dans ce domaine-là, la pudeur doit aussi être réciproque : si votre meilleure amie n'a pas envie de vous dévoiler toute sa vie, « avoir de la pudeur » veut dire ne pas l'assaillir de questions pour obtenir des renseignements. Malgré sa confiance en vous, elle a le droit d'avoir un jardin secret dans le cœur !

▶ Voir aussi :

Amoureux,

Carnet secret,

Famille,

Filles et garçons,

Poitrine.

180

Racket

*Le racket est une technique de vol par l'intimidation et la violence.
On menace une personne pour la forcer
à donner quelque chose :
« Donne-moi ton blouson ou je te casse la figure. »*

Menacer pour voler

Le racketteur peut aussi employer le chantage, s'il a repéré une victime qui avait fait une bêtise : « Donne-moi 10 euros ou je dirai que c'est toi qui as triché. » Le racketteur peut encore exiger de sa victime qu'elle commette un vol : « Apporte-moi un bijou de ta mère ou tu auras affaire à moi. »

De plus en plus loin

On peut être exposé au racket dès l'école primaire et il vaut mieux savoir comment se défendre. Si on se laisse prendre entre les griffes d'un racket-teur, on va le payer très cher : une fois que le voleur a compris que sa victime avait peur, il ne la lâche plus, il lui réclame d'autres choses et l'angoisse s'installe.

Briser le silence

Face à un racketteur, il n'y a qu'une solution : tout raconter à un adulte, immédiatement (il ne suffit pas d'en parler à une amie). Si on vous de-mande un objet que vous portez sur vous, donnez-le pour ne pas risquer de violence, mais allez vite le dire. Si on vous demande de l'argent ou un objet que vous n'avez pas, dites que vous allez le chercher et courez tout raconter. C'est difficile, parce que le racketteur vous aura forcément quittée sur une menace : « Si tu me dénonces, je te ferai du mal. »

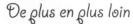

Pas de honte !

Certaines victimes se taisent parce qu'elles ont honte de leur « faiblesse ». Non ! Il faut tout raconter sans avoir honte. Vous n'êtes pas en tort, c'est le racketteur qui fait quelque chose de très mal.

Raconter, c'est se faire protéger

Mais il faut savoir que le voleur dit cela par lâchcté : lui aussi a peur, et à juste titre. Le racket est sévèrement puni par la loi. Lorsque vous aurez tout raconté, vos parents devront porter plainte à la police et le racketteur sera mis hors d'état de nuire. Cette histoire ne sera qu'un vilain souvenir. Si au contraire vous vous taisez, le racketteur ne vous laissera plus de repos.

183

Témoin d'un racket

Si vous avez été témoin d'un racket, allez aussitôt le dénoncer, vous sauverez la victime qui n'osera peut-être pas parler seule.

▶ Voir aussi :
Bien (et mal),
Maltraitance,
Parents.

Règles

Au cours de son adolescence, une fille constate pour la première fois un écoulement de sang dans sa culotte. Ce sont les règles. Ce phénomène intimidant devient vite familier… car il se reproduit tous les mois.

Une usine à faire grandir la vie

En bas du ventre d'une fille se trouve un organe appelé l'utérus. C'est l'endroit où un bébé pourra un jour se développer. Dès sa naissance, une fille a dans son utérus une réserve d'environ deux cents ovules, des graines qui peuvent se transformer en bébés… à condition de rencontrer d'autres graines venues d'un homme, les spermatozoïdes.

Adolescence, le grand changement

Pendant l'enfance, la réserve d'ovules reste en sommeil. Tout commence à l'adolescence. Désormais, chaque mois environ, un ovule va être libéré : c'est l'ovulation. Au même moment, l'utérus se tapisse d'une substance appelée la muqueuse utérine, pour faire un nid confortable au bébé si une grossesse devait commencer.

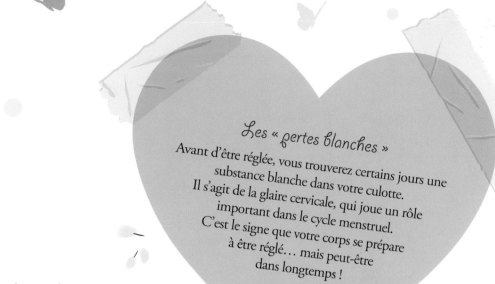

Les « pertes blanches »

Avant d'être réglée, vous trouverez certains jours une substance blanche dans votre culotte. Il s'agit de la glaire cervicale, qui joue un rôle important dans le cycle menstruel. C'est le signe que votre corps se prépare à être réglé… mais peut-être dans longtemps !

L'ovule expulsé

Mais lorsqu'il n'y a pas de grossesse, l'ovule ne reste pas dans l'utérus. S'il ne rencontre pas de spermatozoïde, il se dégrade et le corps l'évacue avec les débris de la muqueuse utérine. Ce sont les règles. Elles durent quatre ou cinq jours ; en général, elles sont plus abondantes les trois premiers jours. On peut avoir un peu mal au ventre au début des règles ou juste avant : c'est le moment où l'utérus se contracte pour expulser l'ovule.

Un phénomène naturel

Les règles n'ont rien de honteux : elles sont au contraire le signe merveilleux que le corps d'une fille devient capable d'accueillir la vie. Il ne faut pas en avoir peur ! Cela ne sert à rien de s'interroger sur la date de leur première arrivée : elles commencent par surprise, entre l'âge de 11 ans et celui de 15 ans, même si la majorité des filles les ont vers 13 ans.

Gérer ses règles

Pour étancher les écoulements de sang, on a le choix entre deux systèmes. Les serviettes hygiéniques sont des petites couches qu'on colle dans sa culotte par un adhésif. Les tampons sont des bâtonnets absorbants qu'on introduit dans le vagin. Dans les deux cas, il faut changer de protection plusieurs fois par jour pour éviter les débordements et les odeurs. Moyennant cet effort, on est sûre que les règles passeront inaperçues auprès des autres.

Du côté de l'humeur

Au moment des règles, des substances chimiques appelées les hormones sont au travail dans le corps des filles. Elles peuvent influencer leur humeur et déclencher une petite baisse de moral chez certaines, surtout celles qui sont sensibles au mal de ventre. Il est quand même important de ne pas faire subir à sa famille et à ses amis des plaintes ou des sautes d'humeur trop sévères. Les parents et les copains… n'y peuvent rien !

▶ Voir aussi :

Filles et garçons,
Poitrine,
Pudeur.

Est-il vrai qu'on ne peut pas aller à la piscine pendant les règles ?

On peut si on porte un tampon. Sinon, c'est en effet déconseillé.

Rêves

Parce que la vie ne se conjugue pas seulement au présent
mais aussi au futur, vous avez des rêves d'avenir :
« Plus tard, je serai… je ferai… j'aurai… » Parfois ces rêves changent
très vite ; parfois votre cœur les abrite depuis longtemps et, qui sait,
ils traverseront peut-être les années jusqu'à ce que vous les réalisiez.

Rêver, c'est avancer

C'est génial de rêver. Que vous fassiez partie des filles qui savent déjà ce qu'elles veulent et ne changeront jamais d'avis ou que votre passion d'aujourd'hui fasse place à d'autres projets d'avenir, vos rêves sont merveilleusement utiles parce que c'est eux qui vous donnent vos premières ambitions.

Secrets

« Je vais te dire un secret » :
quel mot passionnant dans la bouche
d'une copine ! On s'en régale d'avance !

Chouette, un secret !

Quand vous l'entendez, vous arrêtez aussitôt ce que vous étiez en train de faire et vous tendez l'oreille, prête à recevoir la révélation du siècle. De tous les mots du dictionnaire, il n'y en a pas de plus excitant que celui-ci !

Secrets d'amies et secrets de Polichinelle

Il y a des secrets qu'on ne partage qu'entre meilleures amies : sentiments intimes, rêves fous, bonnes idées ou grandes découvertes qu'on ne veut pas se faire « piquer ». Vive ces confidences qui font grandir une amitié ! D'autres secrets, au contraire, circulent dans la cour de récréation et toute l'école les connaît. On les appelle des « secrets de Polichinelle », du nom de cette marionnette qui fait toujours ses révélations à haute voix, si bien que son ennemi le gendarme entend tout.

À éviter

Faire semblant de souffler des secrets
à l'oreille de votre meilleure amie
juste pour faire mourir de curiosité
les autres copines. Allons, tout de même !

Secrets à révéler

Dans des cas exceptionnels,
il faut savoir trahir un secret.
Par exemple, si une copine
vous dit sérieusement
qu'elle veut s'enfuir de chez elle,
ou encore qu'elle est rackettée,
allez vite en parler à un adulte.
Un secret est mauvais
quand il menace la sécurité
d'une personne.

192

Déformés et amplifiés

Il y a les secrets dont vous êtes sûre qu'ils sont vrais parce qu'ils vous sont confiés par la personne directement concernée ; et les rumeurs qui ont été déformées par plusieurs copines avant d'arriver à vos oreilles. Si Chloé vous dit que Léa lui a dit que Camille lui avait dit que la maîtresse voulait se marier avec le directeur, méfiance, c'est certainement faux. Inutile de raconter cet « on-dit » à une cinquième copine !

Répéter un secret ?

C'est tentant puisque c'est interdit ! Mais, quand il s'agit d'un vrai secret intime, votre indiscrétion pourrait vous coûter une amitié. Si vous trahissez la confiance d'une copine, vous la décevez et elle risque de s'éloigner. Pis encore, elle dira à tout le monde qu'on ne peut pas vous faire confiance. Allez-vous risquer aussi gros pour le petit plaisir (vite oublié) de répéter un secret ? Bouche cousue, les filles : une confidence, c'est secret défense !

▶ Voir aussi :
Bavardage,
Carnet secret,
Confiance,
Copines,
Racket.

193

Soirée pyjama

Enfiler son pyjama
mais sans être obligée d'aller se coucher,
quelle bonne idée !

194

Une fête qui dure

On dit que toutes les bonnes choses ont une fin. La soirée pyjama est une exception à la règle : vous allez passer quelques heures de bonheur avec vos amies sans la triste perspective que la fête se termine trop vite. Vos parents ne viennent vous rechercher que le lendemain : vous dormez toutes ensemble chez la copine qui vous invite !

Qu'est-ce que je dois apporter à une soirée pyjama ?

Votre plus beau pyjama, bien sûr, mais aussi votre trousse de toilette et, éventuellement, des vêtements de rechange pour le lendemain. Si vous êtes nombreuses, il est délicat d'apporter une petite serviette de toilette et un sac de couchage. Enfin et surtout, venez avec toute votre bonne humeur et votre pêche, parce que la soirée pyjama est d'abord une fête !

Au programme ?

Il y a mille façons de vivre une soirée pyjama… sans forcément se mettre en pyjama tout de suite. Souvent, on commence par quelques jeux et une bonne dose de papotages sur fond de tubes musicaux chéris. Le dîner proposé par la maîtresse de maison est en général simple et festif : crêpes ou pizza, voire plateau repas devant un bon DVD !

195

Pas de vacarme

Vient enfin le moment de se coucher. Ne protestez pas quand les parents viennent vous le dire ! Mais rassurez-vous, ils ne vous en voudront sûrement pas si vous bavardez un peu au lit. C'est la fête, après tout ! Attention quand même à respecter certaines limites : évitez les batailles d'oreillers, ne prenez pas les sommiers pour des trampolines, ne sautez pas par terre (merci pour les voisins). Un chahut obligerait les parents à devenir sévères… alors qu'ils n'en ont pas envie.

▶ **Voir aussi :**
Bavardage,
Bonheur,
Copines,
Secrets.

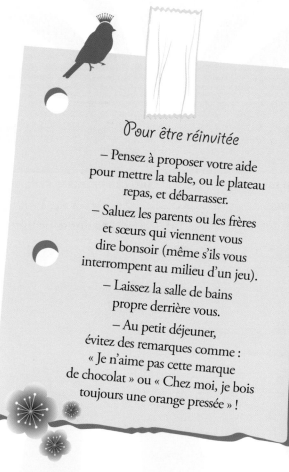

Pour être réinvitée

– Pensez à proposer votre aide pour mettre la table, ou le plateau repas, et débarrasser.

– Saluez les parents ou les frères et sœurs qui viennent vous dire bonsoir (même s'ils vous interrompent au milieu d'un jeu).

– Laissez la salle de bains propre derrière vous.

– Au petit déjeuner, évitez des remarques comme : « Je n'aime pas cette marque de chocolat » ou « Chez moi, je bois toujours une orange pressée » !

Sorties

Selon votre âge, vos parents
vous donnent peut-être déjà
des permissions pour des sorties
où ils ne vous accompagnent pas.
Vous êtes tout excitée par ce parfum
d'indépendance qui sent très, très bon !

Quelles copines emmener ?

Bien sûr, on ne sort pas seule, ou ce moment de liberté serait inintéressant.
Il faut donc choisir quelles amies vous allez inviter à vous suivre ! Plutôt des
filles qui partagent vos goûts, pour vous mettre facilement d'accord sur le
programme. Il serait dommage d'entrer dans des salles de cinéma différentes… ou de ne pas faire les mêmes magasins !

Préparer la sortie

Cinéma, séance de shopping, déjeuner dehors, quelle que soit votre sortie,
mieux vaut vous organiser avant. Pour trouver le film que vous irez voir,
parlez-en à vos parents, ils pourront être de bon conseil. Inutile de gâcher
une sortie exceptionnelle en allant voir une nullité qui ne sera pas adaptée à
votre âge ! Pour le restaurant, parions que vous rêvez d'un bon plateau ham-
burger-frites. Cela tombe bien, les fast-food existent partout. Toutefois, certains sont plus confortables et meilleurs que d'autres : renseignez-vous. Et
les crêperies, c'est bon aussi !

Au fil des magasins

Pour les sorties shopping, le plaisir est aussi dans la flânerie et l'imprévu : on papote avec les copines tout en léchant (des yeux) les vitrines, et on entre dans les magasins pour lesquels on a un coup de cœur. Mais attention, on se comporte correctement : on remet en place les vêtements que l'on regarde ou que l'on essaie, on ne fait pas les « fofolles » en riant en hurlant. On s'adresse correctement aux vendeuses.

Attention au budget

Pour toutes les sorties, et surtout pour le shopping, il est essentiel de fixer à l'avance votre budget, la somme maximale que vous dépenserez. Quand on est à plusieurs, on perd vite la notion des chiffres ! Mieux vaut emporter la somme exacte que vous souhaitez dépenser, plutôt qu'un gros billet… dont vous risquez de ne jamais rapporter la monnaie à la maison.

Sortie réussie

Vos parents vous ont sans doute permis de sortir sous certaines conditions : connaître le film que vous allez voir, rentrer à une heure précise, ou être au point de rendez-vous qu'ils vous ont fixé. Respectez le contrat : ne changez pas le programme à la dernière minute, « tiens, si on n'allait pas au cinéma », et soyez ponctuelle au retour, même si vous souhaiteriez que cette sortie se prolonge. C'est ainsi que vous pourrez continuer à sortir encore très longtemps, en honorant la confiance que vos parents vous accordent.

▶ **Voir aussi :**
Argent de poche,
Confiance,
Copines,
Parents.

Pas cool, tes parents !

Quand vous proposez une sortie à vos amies,
tâtez délicatement le terrain. Il se peut que certains
parents refusent, au moins cette fois-ci.
Pas de commentaires sur leur sévérité :
ils ont leurs raisons, et votre respect aidera
votre copine à les accepter.

Sport

Sport vient d'un mot français
très ancien, desport,
qui voulait dire « amusement ».
En sport, on se défoule
et on s'amuse !

Un amusement bien nécessaire

Il est vrai que le cours de sport vous change les idées entre deux leçons sérieuses et qu'il peut être une vraie partie de plaisir à partager avec les copains ! Mais la gym n'est pas seulement un défouloir. Elle répond à un besoin vital de votre corps : pour grandir en force et en souplesse, il réclame de bouger, et souvent.

Du tonus à revendre

À votre âge, ce n'est pas l'énergie qui vous manque. Vous avez un cœur solide, vous êtes rarement essoufflée, au point de pouvoir papoter avec votre meilleure amie tout en piquant un sprint. Profitez de cette vitalité et

entretenez-la par la pratique régulière d'un sport, que vous n'êtes pas obligée de limiter aux leçons de l'école. Le mercredi et le week-end, sachez sortir vos baskets du placard !

Quel sport choisir ?

Toutes les disciplines sportives sont bonnes et vous pouvez choisir la vôtre en fonction de vos préférences, si ce n'est pas déjà fait depuis longtemps. Judo, escrime, tennis, équitation, vous avez le choix ! Sachez que la natation est spécialement bonne pour le corps : elle fait travailler tous les membres de manière équilibrée, elle développe le souffle et la force. Vous n'irez jamais « trop » à la piscine.

Vive l'équipe !

Il y a aussi les sports collectifs, football, volley-ball, handball, par exemple… qui ne sont pas réservés aux garçons ! L'esprit d'équipe est l'une des grandes richesses du sport, à cultiver sans modération, à l'école ou au-dehors. Si vous êtes de celles qui mettent une bonne ambiance dans leur équipe et qui savent se montrer bonnes joueuses face au camp adverse, vous serez toujours admirée pour cela.

J'ai peur de montrer mes jambes

À votre âge surgissent les premiers complexes. Des poils qui poussent, une poitrine naissante, et vous voilà gênée en short ou en maillot. Halte à la honte, personne ne se focalise sur vous, et vous êtes aussi jolie qu'avant dans ce corps qui change… surtout si vous lui donnez une santé de fer grâce au sport.

202

▶ Voir aussi :
Complexes,
Hygiène,
Poils,
Poitrine,
Week-end.

Je suis nulle en sport

En cours de sport, toutes les filles courent plus vite que vous, mettent des paniers au basket et nagent comme des poissons. Et vous, vous n'allez pas bien vite, vous oubliez vos baskets et vous avez déjà sorti toutes les excuses possibles pour être dispensée de cette corvée. Allez les filles, les efforts paient ! Un peu de courage et vous allez y arriver, et ce sera de mieux en mieux. Pensez toujours que le plus dur, c'est de s'y mettre !

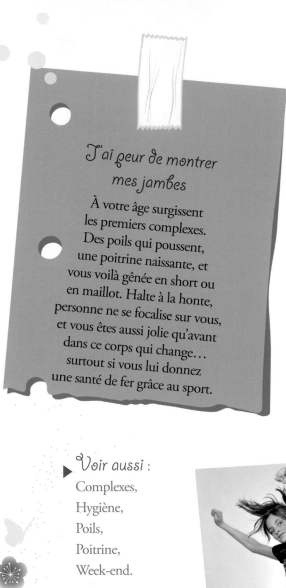

Télévision

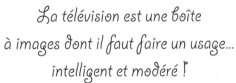

La télévision est une boîte
à images dont il faut faire un usage...
intelligent et modéré !

203

Le droit ou pas

Vous avez donc sans doute la télévision… mais pas le droit de l'allumer sans autorisation parentale. À votre âge, son usage est souvent soumis à quelques conditions : avoir fini vos devoirs, ne regarder que les émissions permises et ne pas oublier d'éteindre à la fin, même quand vous avez très envie de prolonger !

Le meilleur et le pire

La télévision est une source extraordinaire d'informations, de découvertes, de rêves. Seulement, le pire y côtoie le meilleur. À votre âge, impossible de faire le tri en lisant les critiques, jugements écrits par des adultes pour des adultes. À regarder la télévision sans l'accord de vos parents, vous risquez au mieux de perdre votre temps devant des bêtises, au pis d'être hantée par des scènes violentes ou dégradantes.

Un peu c'est bon, trop c'est poison

Incroyable mais vrai, rester trop longtemps assise devant le petit écran est une activité épuisante, qui vous brouille les yeux et les idées. Il faut à tout prix diversifier vos activités ! Une sortie, du sport, un peu de lecture, un goûter, des jeux avec les copines… Encadrez intelligemment votre émission chérie du mercredi, et la télévision restera un plaisir sain dans un emploi du temps équilibré.

À éviter

Ne comparez pas avec vos copines le temps que vous avez le droit de passer devant la télévision. À chaque famille ses habitudes et son rapport avec le petit écran !

▶ *Voir aussi* :
Console de jeux,
Internet.

Conseil

Ne refusez jamais un anniversaire ou une sortie
qui vous priverait de votre émission préférée.
Enregistrez l'épisode et vous aurez plaisir
à le regarder tranquillement plus tard !

Petite histoire de la télévision

Le petit écran n'a pas 100 ans d'âge :
les premières émissions datent
de 1926 et, pendant des dizaines
d'années, la possession d'un poste
est restée un luxe incroyable.
Aujourd'hui, on trouve la télévision
chez presque toutes les familles
du monde, même dans les pays
les plus pauvres. Et, pourvu que
l'on paie un abonnement ou
un équipement numérique spécial,
on a accès à une foule de chaînes
internationales, alors qu'il n'a
longtemps existé en France
que trois chaînes publiques.

Vacances

Ah ! Les vacances !
On en rêve, on les attend
avec impatience, et on en profite !

Un temps pour s'aérer le cerveau

Pourquoi a-t-on inventé les vacances ? Parce que si vous alliez à l'école sans jamais vous arrêter, vous n'apprendriez ni mieux ni plus. Au contraire, votre mémoire deviendrait une usine à gaz en surchauffe. Au feu, les pompiers ! D'ailleurs, votre maître(sse) surmené(e) ou vos professeurs vous feraient très mal la classe ! C'est pour éviter cette saturation qu'on a créé un rythme équilibré entre travail et repos.

Comment cela, vide ?

Mais se reposer, ce n'est pas ne rien faire. Vacances vient d'un mot latin qui signifie « vide ». Disons que c'est l'école et ses salles de classe qui se retrouvent vides : pour le reste, votre vie pendant les vacances est bien remplie. Pas question de vous ennuyer !

Destination ailleurs

Quand vos parents prennent aussi des vacances, vous avez des chances de boucler les valises. Partir en voyage, découvrir, visiter… Bien occupées, ces vacances laissent tout le temps de vivre de beaux moments en famille, avec des parents reposés, hors des petits stress de la vie quotidienne. Et même si vous restez tous ensemble à la maison, tout le monde est plus détendu, on a le temps de faire des tas de choses, des jeux, de la cuisine, de grandes balades.

Un temps pour la famille

Les vacances de Pâques et de Noël sont celles qui rassemblent le plus les familles. Cap sur les grands-parents et les cousins ! Il faut parfois se partager entre plusieurs lieux de réunions familiales : les vacances sont moins vides que jamais, et elles se terminent avant qu'on ait eu le temps de les voir commencer ! Entre les courses de vélo avec les cousins, le ski, les papotages avec mamie, les jours filent comme des fusées.

Quand l'école se rappelle à vous…

Il est normal d'avoir des devoirs pendant les vacances : en travaillant à petites doses, vous consolidez votre savoir et vous ne rentrerez pas en classe la mémoire vide ! Alors, ne mettez pas votre cahier de textes au congélateur jusqu'à la veille de la rentrée… On s'organise, les filles !

207

Une copine en vacances

Il y a aussi les vacances exceptionnelles où l'on vous propose d'inviter votre meilleure amie et de l'emmener avec toute la famille. De grâce, ne vous transformez pas en chipies ou en princesses servies au lit, de peur que cette expérience ne soit plus jamais renouvelée !

Les grandes vacances

L'été, vous avez deux mois de vacances et, bien souvent, vos parents n'en ont pas autant. Le centre aéré vous ouvre ses portes. Entre les sorties culturelles et les activités sportives, ce centre mérite bien son nom, et ce n'est pas parce qu'on ne part pas loin de chez soi que l'on vit enfermée ! Vous pouvez aussi partir chez vos grands-parents, ou en colonie, ou en camp si vous faites du scoutisme. À vous la vie en collectivité, les batailles de polochons dans les dortoirs et les nouvelles amitiés !

Elles se suivent et ne se ressemblent pas

Bref, les vacances existent sous toutes les formes. Une chose est sûre, les prochaines ne ressembleront pas aux dernières ! À travers les saisons, elles ont quand même un point commun : elles vous font grandir grâce à des apprentissages différents de ceux que vous offre l'école. Alors, décidément… vive les vacances !

208

▶ Voir aussi :
Colonie (de vacances),
Copines,
Famille,
Grands-parents.

Je m'ennuie…

Parfois, en vacances, vous tournez en rond, vous ne savez pas comment vous occuper. C'est le moment d'attaquer un gros « pavé », de dévorer les aventures extraordinaires d'Harry Potter, par exemple. Vous pouvez aussi vous lancer dans la confection de quelque chose : une écharpe tricotée, un petit haut customisé, un sac fait maison, un magnifique collier de perles, une pochette serviette brodée, les travaux manuels sous la houlette de maman ou de mamie sont toujours des bons moyens d'occuper son temps en vacances et de réaliser un objet qui vous tiendra à cœur.

Voyage scolaire

Un voyage scolaire, ce sont quelques jours où vous partez à une ou plusieurs classes, encadrés par des adultes de l'école.

Avec l'école loin de l'école

Classe verte, classe blanche, classe découverte, séjour linguistique, les voyages scolaires sont des parenthèses dans le rythme de travail habituel. Mais votre maîtresse et vos professeurs n'ont pas l'intention de vous offrir de pures vacances : ils sont toujours là pour vous faire apprendre des choses.

Privilège !

Un voyage scolaire est toujours une chance. D'abord, il va vous faire découvrir les copains et les professeurs sous un autre angle, plus détendu, plus fantaisiste. Ensuite, il a été soigneusement préparé : pas de temps morts ni d'ennui en perspective ! Attendez-vous à des visites prévues exprès pour vous, à des découvertes qui vous surprendront.

Classe, la classe !

Vos professeurs emmènent votre classe parce qu'ils lui font confiance. Ils vous savent assez mûrs pour profiter de ce voyage. La balle est dans votre camp pour leur prouver qu'ils ont raison ! Il est important de respecter les règles qui facilitent la vie en collectivité : on obéit aux consignes, on se tient bien dans le car et dans les lieux publics (par exemple, on ne hurle pas dans les musées), on ne s'éloigne jamais du groupe, et on ne plaisante pas avec les règles de sécurité en général.

Mauvais esprit, ambiance ternie

On garde aussi le sourire en toutes circonstances. Il n'y a rien de pis pour casser l'ambiance d'un voyage scolaire que de critiquer entre copines les visites prévues ou la nourriture proposée. Cela ne changera rien au programme, mais cela mettra tout le monde de mauvaise humeur et cela ne laissera que de vilains souvenirs !

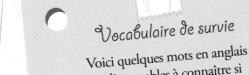

Vocabulaire de survie

Voici quelques mots en anglais indispensables à connaître si vous partez en voyage scolaire en Angleterre :
Bonjour : *Hello !*
Merci : *Thank you.*
S'il vous plaît : *Please.*
Je suis française : *I'm French.*
Je suis perdue : *I'm lost.*
Pouvez-vous m'aider à retrouver mes amis, s'il vous plaît ?
Could you help me to find my friends, please ?

À emporter

Si vous ne l'avez pas, demandez au responsable du voyage une liste des affaires à emporter. Ajoutez-y quelques euros pour les souvenirs ou les cartes postales à écrire sur place ! N'emportez pas de valise mais plutôt un sac à dos.

▶ Voir aussi :
Collège,
Copines,
Politesse.

DICTIONNAIRE **mini+**

le plus complet des minis allemands

Laurent & Vr
Gaulet

REPEAT

Voyage

scolaire

Famille
Détente

Activités

Week-end

Deux jours où vous ne prenez pas
le chemin de l'école !
Un moment pour vous détendre et
vous reposer intelligemment avant de vous
lancer à l'assaut de la semaine suivante.

Un samedi actif

Le samedi, les magasins sont ouverts, les facteurs distribuent le courrier, les pharmacies clignotent… Pour beaucoup de professionnels, c'est un jour de travail comme les autres. Vous êtes peut-être très active vous aussi : sport, danse ou musique, scoutisme ou club de théâtre, le samedi est, pour beaucoup de familles, le jour des activités extra scolaires, ex aequo avec le mercredi.

Au boulot !

C'est aussi le jour idéal pour prendre votre courage et votre cahier de textes à deux mains : si possible, faites vos devoirs le samedi, et vous profiterez d'un dimanche reposant ! En cas d'après-midi avec les copines ou de sortie familiale, travaillez un peu le matin, vous finirez le lendemain l'esprit tranquille : il n'en restera plus beaucoup à faire.

Au programme du samedi soir ?

Le samedi soir, ce sont les heures de détente où vous veillez un peu plus tard qu'en semaine. Soirée pyjama avec des amies ? Cinéma ? DVD ? Ou ribambelle de BD à dévorer la tête sur l'oreiller ? Chaque samedi soir est une fête à inventer un peu à l'avance, avec l'accord de vos parents.

L'invention du week-end

En France, le dimanche a toujours été un jour de repos. En revanche, c'est seulement en 1936 qu'un gouvernement a décidé de donner congé aux travailleurs le samedi.

Un dimanche en famille

Le dimanche est traditionnellement un jour calme qu'on réserve à sa famille et à ses proches. Pas de shopping puisque les magasins sont fermés : c'est le jour du déjeuner chez papi et mamie ou des balades à vélo avec papa et maman, ce qui ne vous empêche pas d'inviter votre meilleure amie : elle fait presque partie de la famille ! Jeux de société, films qu'on regarde tous ensemble, grande promenade, visite d'un monument, préparation d'un bon gâteau, il y a tellement de choses intéressantes à faire tous ensemble en famille !

Contre le blues du dimanche soir

Le dimanche, quand la journée s'achève et qu'on s'est bien amusés tous ensemble, il y a toujours un petit moment où l'on se sent un peu triste : on n'a pas envie de retourner à l'école le lendemain, on voudrait que cette journée ne finisse jamais. Alors, pour lutter contre le blues du dimanche soir, rien de tel qu'un repas gai et improvisé : on met tout sur la table et on mange ce qu'on veut, dans l'ordre qu'on veut ! À vous les mélanges inédits ! Et papa et maman, pour une fois, n'ont pas de repas à préparer ! Chacun fait ce qui lui plaît !

▶ Voir aussi :
Devoirs,
Famille,
Sport.

215

Numéros utiles

- ## Fil Santé Jeunes

Tél. : 0 800 235 236

7 j/7, de 8 h à minuit ;

appel anonyme et gratuit

d'un poste fixe ou d'une cabine

téléphonique dans toute la France.

- ## Allô Enfance Maltraitée

Tél. : 119.

Appel anonyme et gratuit dans toute la France,

24 h/24.

- ## Jeunes Violence Écoute

Tél. : 0800 20 22 23

7 j/7, de 8 h à 23 h ;

appel anonyme et gratuit

de toute la France.

www.jeunesviolencesecoute.fr

- ## SOS Amitié

Tél. : 01 40 09 15 22

Écoute 7 j/7, 24 h/24

Appel anonyme ; coût d'une

communication locale.

www.sos-amitie.com

Partenaires et points de vente :

Séphora : 0 892 70 70 70

La chaise longue : www.lachaiselongue.fr

Bathroom graffiti : 01 47 73 93 63

Pylônes : 01 56 83 81 24

Casa : www.casashops.com

Le bon Marché, Paris : 01 44 39 80 00

Fauchon : 01 70 39 38 00

H&M Rivoli : 01 55 34 96 86 / 0 810 22 24 44

Produits :

pp. 4, 22, 46, 64, 79, 114, 133, 152, 179, 183, 186 : Tee.shirts Hello Kitty par © H&M

pp. 12, 164, 203 : Tirelire Mic Banker © Sëmk

pp. 19 : Porte monnaie © Dumping Dynasty

pp. 39, 49, 111, 140, 161, 174, 176 : Carnet secret, porte-clés, tapis de souris et mini radio Hello Kitty par © Sanrio

pp. 41, 130 : Repose-poignet © Happyshop.fr

pp. 54, 92 : Peluche © Barbapapa

p. 61 : © Nintendo DS

p. 68 : Vernis à ongles © Chanel, porte-étiquette © Fluff, gloss © Séphora

pp. 71, 140, 161 : Carnets © éditions cartes d'art

p. 102 : Mug thermos © Hello Kitty

p. 150 : I Phone © Apple

p. 196 : Sac à dos © Eastpak

217

Crédits photos :

p. 118 : Photo © Lionel Antoni, Stylisme © Sophie Roche

p. 166 : Photo © Franck Schmitt, Stylisme © Claire curt

Index
chéri

- A -

- B -

– G –

– H –

– I –

– J –

– L –

– M –

221

- V -

- W -

Achevé d'imprimer en juin 2011
par C&C Offset en Chine
Dépôt légal : octobre 2011